젊음은 기구할수록
희망은 희박할수록

젊음은 기구할수록 희망은 희박할수록

초판 1쇄 인쇄 2009년 10월 16일
초판 1쇄 발행 2009년 10월 23일

지은이 | 이광일
펴낸이 | 손형국
펴낸곳 | (주)에세이퍼블리싱
출판등록 | 2004. 12. 1(제315-2008-022호)
주소 | 157-857 서울특별시 강서구 방화3동 822-1 화이트하우스 2층
홈페이지 | www.essay.co.kr
전화번호 | (02)3159-9638~40
팩스 | (02)3159-9637

ISBN 978-89-6023-284-6 03810

젊음은 기구할수록
희망은 희박할수록

이광일 지음

| 차례 |

1부

2부

3부

4부

5부

6부

7부

8부

9부

1부

삼형제 중 막내로 태어났다. 철도청 말단 공무원이셨던 아버님과 어머님 그리고 할머니, 할아버지 슬하에서 두 형들과 자랐다. 7살에 초등학교에 들어갔고 초등학교 2학년 때까지도 시험이 뭔지를 몰라 옆 짝의 이름까지 커닝을 하는 조금 모자라는 아이로 어린 시절을 보냈다. 19살 고등학교를 졸업하던 해에 군에 지원입대하고 제대 후 대학에 들어갔다.

졸업 후 해태음료, IBG, 교보증권에서 2년 정도씩 일했다. 그리고 부동산에 들어온 지 벌써 7년째에 접어들고 있다. 평범한 나의 살아온 이야기이다.

초등학교 시절. 입학식 날 어머니는 나 혼자 학교에 보냈나 보다. 줄을 서있는데 나 혼자만 손수건이 옷에 매달려있지 않았고 나는 손수건을 달러 입학식을 하지 않고 집으로 돌아왔다. 어머니는 다 끝나고 온 줄 알고 나를 반갑게 맞는 듯하다가 내 얘기를 들어보고 불이 나게 입학식장에 나를 붙잡고 달려갔다. 이미 반과 번호 배정이 다 끝났나 보다. 어머니는 뭐라고 선생님께 사정을 하시다 잘 안되었는지 갑자기 나에게로 달려와서 마구 때리신다. 초등학교 입학식 날 풍경은 그렇게, 아주 많은 아이들 앞에서 매 맞던 기억으로 남아있다.

초등학교 3학년 때였다. 선생님은 반 아이들을 일렬로 세워놓고 간단한 문장을 귓속말로 전달시켰다. 내 차례가 되었고 내 앞의 아이에게 귓속말을 전해 들었다. 그리고 내 뒤의 아이에게 전달하려는 순간 나는 아무 생각도 나지 않았다. 너무나 간단한 문장이었고 외울 필요조차도 없는 얘기여서 나는 듣는 순간 웃으면서 다음 아이에게 돌아섰다. 그러나 말을 하려고 하면 도대체 아무런 기억이 나지 않았다.

처음 몇 번은 웃으면서 다시 기회를 주던 선생님은 계속해서 이러고 있는 나를 줄에서 끌어내며 야단을 쳤고 나는 그냥 웃고 있었다. 아마도 내가 일부러 장난을 하고 있다고 생각하셨나 보다.

또 한 번은 이런 일도 있었다. 내 귀를 막고 소리치면 남들도 들리지 않을 거라는 생각에 수업시간에 귀를 꽉 막고 있는 힘껏 소리를 지른 적이 있었다. 놀란 선생님이 나를 나오라 했고 나는 아무래도 귀를 더 세게 막지 못해서 소리가 새어 나갔을 거라고 생각하고 있었다. 그때 나를 칠판 앞에 세워 놓고 안쪽 허벅지를 세차게 꼬집던 선생님 얼굴이 아직도 선하고 이상하게도 이 선생님 성함은 평생 잊어지질 않는다.

초등학교 4학년 체육시간에 선생님은 순서대로 철봉을 넘게 하였다. 내 순서가 되었고 몸을 넘기려고 하는 순간 내 몸이 철봉에 직각으로 매달렸다. 너무도 무서운 나머지 나는 순간 이런 생각이 떠올랐다. 이 정도의 공포는 대부분 꿈이다. 꿈에서 깨어나기 위해서는 손을 놓아야 하고 땅에 부딪히는 순간 꿈에서 깰 것이다.

이런 치밀한 계산을 하고 나는 과감히 손을 놓았다. 머리부터 정확하게 땅으로 떨어졌고 무엇인가가 흘러 눈으로 들어왔다. 머리를 감싸 쥐고 선생님과 병원으로 걸어가는 도중에 연락을 받고 달려온 어머니를 만났다. 피투성인 나를 보고 놀라며 발을 구르는 어머니를 보며 나에게도 이런 사람이 있었구나 생각했다.

초등학교 5학년 때부터 집 옆에 과외 방이 생겨 다니기 시작했고, 6학년 때부터는 공부도 조금씩 따라하며 그림 그리기에 취미를 붙였다. 6학년 때는 시험지를 훔친 안 좋은 기억도 가지고 있다. 동네 친구 집에 가서 같이 시험공부를 하다가 장난삼아 시험지 훔치는 얘기를 했었던 것 같다. 그런데 다음날 학교에 갔는데 이 친구가 자기 신발주머니를 보여주면서 시험지를 훔쳤다고 하는 것이 아닌가.

아침 일찍 학교에 와서 선생님 서랍에서 꺼냈다고 했다. 그날 우린 그 훔친 시험지를 가지고 같이 공부를 했고 다음날 좋은 성적을 거둘 수 있었다. 하지만 이때의 기억은 지금까지 와이프에게 조차도 말하지 못할 만큼 내 일생의 큰 죄책감으로 남아있다.

중학생 시절은 조용하고 평범했다. 난 항상 형들을 따라 동네 독서실에 다녔고 방과 후에 집에 돌아오면 대부분 독서실에서 밤늦게까지 혼자 앉아 있곤 했다. 그러나 하루 종일 앉아 있어도 교과서 한 페이지를 넘기지 못하는 날이 많았고 성적은 항상 중간보다는 뒤에 있었다.

지금 와서 돌아보니 나는 집중력이 어지간히 없었던 것 같다. 그야말로 공부 못하는 아이들의 전형적인 모습으로 책은 보고 있으나 머리한 편으로는 항상 딴 생각을 하고 있었다. 그리고 그 정도가 심하여 그 사실 조차도 모르고 지내오다 서른이 넘어서야 '正' 자를 연습장에 끊임없이 쓰는 공부 방법을 터득했다. 나이가 들어서야 내 머리가 내 의지로 움직이지 않고 책을 보면 통제되지 않고 뒤에서 흘러가는 무의식의 세계가 또 하나 있음을 감지했기 때문이다.

공부를 하면서 나는 내 머릿속을 계속 피드백 한다. 그러면 거기서 흘러가고 있는 또 하나의 정신세계를 만날 수 있고 피드백 되는 순간 그 흐름은 멈춰진다. 그리고 '바를 정' 자의 한 획을 긋는다. 이것을 계속 반복하는 것이 내 공부 방법이다.

그래서 공인중개사 시험을 준비하는 동안 내 연습장에는 온통 '바를 정' 자만이 빼곡히 쓰여 있었다. 아무튼 이런 이유 때문인지 몰라도 내 중학교 시절은 언제나 독서실에 앉아있으나 공부는 못했던 조용한 아이로 기억되고 있다.

고등학생이 되면서 사춘기가 찾아왔고 그 혼란과 방황의 시절은 나의 20대 중반까지를 지배하고 있었다. 먼저 열등했다. 다른 아이들을 보면 다들 자신의 기준을 가지고 살고 있는 것 같았는데 도무지 나는 내 것이 없었다. 내 머릿속에는 온통 다른 사람들의 생각과 시선뿐이었고 단 한 가지도 내 것이 없는 듯했다.

나도 내 것을 만들기 위해 철학책들을 사 모으기 시작했다. 그러나 읽어도 읽어도 그때뿐이었고 내 것은 없었다. 책마다 제목이 다르고 표지가 다른 것처럼 저마다의 내용이 있을 뿐 내 것은 되지 않았다.

고등학생이 되면서 미술학원에 다니기 시작했고 마치 미친 화가처럼 하고 다녔다. 지금도 고등학교 단체졸업사진을 보면 그 당시의 내 모습을 볼 수 있다. 여름 내내 입고 다녔던 흰색 긴팔 티에는 내가 입은 채로 그림을 그리다 그려 넣은 멋진 나무가 그려져 있다.

진정한 예술가라도 되는 듯이 나는 수개월 동안 그린 그림을 찢어버리곤 했다. 너무 잘 그렸다는 환상에 빠지게 되면 마치 내 영혼을 들킨 것 같아 놔둘 수가 없었다. 그림 때문이었는지는 몰라도 공부는 뒷전이었다.

1학년 때는 전교 꼴등에서 2등을 한 적도 있었지만 공부에 관한 한 아무런 열등감도 없었다. 한 문제 차이로 우리 반 놈이 전교 꼴등을 하였고 나는 우리 반에서도 꼴등은 아니었다. 그 녀석한테 가서 "너 아니었으면 큰일 날 뻔했다"고 농담을 하자 녀석은 나보고 "조용히 하라"고 화를 냈다.

정규시험은 아니었는지 다행히 내 고등학교 성적표에는 남아있지 않다. 그래도 2학년까지는 60명 중에 50등 정도는 했으니 아주 안 한 것도 아니다. 다만 수학은 아예 안 했다. 그 당시 나는 남들 간다고 아무 생각 없이 대학을 가겠다고 아무런 의미도 없는 수학 문제를 열심히 풀고 있는 아이들을 보면서 참 불쌍하고 한심하다는 생각을 하고 있었다.

저 아이들은 도대체 무슨 생각을 가지고 저 수학 문제를 풀고 있는 것일까? 그저 남이 가는 대학에 가야 하니까 저 의미 없는 숫자들을 가지고 저러고 있는 것일까? 정말 한심해 보였다.

그러나 그림은 열심히 그렸다. 다만 선생님이 그리라고 배치해놓은 정물보다는 그 아래 쌓아놓은 물건들이 잘 그려졌고, 조명 아래 비춰지고 있는 석고상보다는 그 아래 내려놓은 석고상들을 그리고 싶어 했다.

왠지 정이 가야 그림이 그려졌고 그냥 그리면 너무 못 그렸다. 미술학원도 여기저기 찾아다니다 고3 때는 홍대 앞에 있는 미술학원을 다니게 되었다. 어느 겨울날, 밤을 새우며 혼자 그림을 그렸다. 캄캄한 이른 새벽녘에 나온 것 같은데 세상이 온통 하얗고 하얀 눈송이가 펑펑 쏟아지고 있었다. 차들도 보이지 않았고 나는 걸었다.

신촌에서 강남으로…. 그때의 기억 때문인지 몰라도 나는 겨울이 좋다. 누가 어느 계절이 좋으냐고 물으면 난 꼭 그때의 기억을 떠올리며 겨울이 좋다고 한다.

이렇듯 나는 겉으로 보기엔 그저 그림을 좋아하며 공부는 싫어하는 평범한 고등학생이었는지 모른다. 그러나 내 안에서는 뭔지 모를 혼란과 불안감 속에서 괴로워했고 그 혼란의 실타래를 풀기 위해 발버둥 치기 시작했다.

그 당시에 쓴 시가 아직 남아있다.

강한 모습

해가 떠올라 비추기 전에
내가 떠올라 비춰주자.

해가 땅속에 묻히기 전에
내가 하늘에 솟아오르자.

해가 내 머리에서 웃고 있을 때
나는 차례를 기다리자.

해가 시선을 보내고 있을 때
나는 열기를 받으며 오른다.

해가 산으로 가면
내가 바다로 가자

하루하루 시소를 타는 부끄럼을 느끼기엔
난 아직 처녀작을 남기고 있으니까.

고3이 되어서 어느 날 갑자기 서울대학교에 가고 싶어졌다. 그 이유가 지금은 기억이 잘 나지 않는다. 아마도 내 열등함의 발로였을 것이다. 궁리 끝에 내신을 8등급까지 올리고 재수를 해 학력고사 성적을 높이면 가능하다는 판단을 했다.

우리 때는 내신이 15등급까지였고 그 당시 서울대 미대 평균내신은 7등급 정도였다. 수학을 포기하고 암기과목 위주로 내신을 올리려 노력했고 조금은 불가능해 보였지만 내 생애 첫 도전에 나섰다. 간발의 차이로 내신이 8등급이 되었고 그 해 선생님의 만류에도 불구하고 서울대에 원서를 냈다. 선생님은 내가 홍대 미술대회 입상 경력도 있고 내신이나 그림 스타일을 고려할 때 당연히 홍익대를 지원할거라 믿고 계셨던 것 같다.

재수를 결심해서인지 몰라도 학력고사를 보면서 이런 객기도 부려보았다. OMR카드에 답안지 표시를 하다가 답을 고치고 싶은 문제가 발견되었다. 시험시간이 다 되어서 답안지를 바꿀 수는 없었고 방법은 ×표를 하고 다시 표기하는 수밖에 없었다.

순간 나는 이런 생각을 하고 있었다. 이렇게 이중 표기를 하면 빵점처리가 된다고 누누이 들어왔지만 이 잠깐의 실수를 가지고 이 사람의 인생이 달려있는 시험에서 영점 처리를 하지는 못할 것이다. 나는 과감하게 ×표를 하고 또 한곳에 체크를 했고 그 답은 맞게 처리되었다. 그리고 재수를 시작했다.

재수 시절에는 수학을 안 해도 내가 원하는 학력고사 점수는 나올 수 있다고 생각했다. 수학시간에는 선생님 앞에서 대놓고 영어책을 펴놓고 공부를 했다. 수학선생님이 두 분 계셨는데 한 분이 어느 날 나보고 일어나라고 했다. "지금 뭐하고 있냐"고 물어 나는 "영어공부를 하고 있다"고 답했다. 나는 "수학은 포기했고 수학은 10점만 맞춰도 대학에 갈수 있다"고 자신 있게 말했다. 그러자 선생님은 "공부 안 하고 어떻게 10점을 맞을 수 있냐"고 물었고 나는 "작년에도 찍어서 12점이었다"고 대답했다. 그 이후로 나는 공식적으로 수학시간에 영어공부를 할 수 있었다.

그렇게 강남역 근처의 영재학원을 다녔다. 그 학원 원장은 훗날 엄청난 다단계 사업을 하다 구속된 제이유 그룹 주수도 원장이었다. 비록 2개월가량이었지만 난 그 주수도 원장의 영어 강의를 들으며 그분의 행동과 말투를 따라할 정도로 인간적인 매력에 빠졌고 제대 후에도 제일 먼저 찾아갔던 기억이 난다.

제대 후에 찾아 갔을 때는 영재학원 옆에 대지학원을 또 하나 운영하고 있었다. 꼭 한번 다시 뵙고 싶었다며 짤막하게 몇 마디 나누면서 조금은 관심 없는 눈으로 나를 바라보는 원장의 모습을 보며 내 짝사랑은 막을 내릴 수 있었다.

몇 해 전 9시 뉴스에서 그 선생님의 얼굴을 보면서 너무 반갑고 놀라워했다. 결국엔 그랬구나 하는 생각이 들었다. 그분의 장점은 강의였다. 사람들을 끌어들이고 집중시키는 놀라운 강의를 하였다.

결국엔 자신의 장점을 최대한 살리는 사업을 했고 일시적으로는 성공했던 것 같다. 남을 의식하지 않는 특유의 카리스마는 내가 닮고자 열망했던 모습이었다. 그러나 일시적으로 많은 사람을 속일 수는 있어도 오래 속일 수는 없다는 것을 보여준 사례인 것 같아 안타까웠다.

그렇게 학원을 다닌 지 2개월쯤이 지난 2월 말인가 어느 날 학원에서 돌아오는 버스 창가에서 불현듯 머리를 스쳐지나가는 생각이 있었다. 이대로는 아니다….

옆에 앉아 떠들고 있던 친구들에게 내일부터 학원에 안 나올 거라는 말을 남기고 나는 사라졌다. 무언지 모르지만 이대로는 아니라는 생각이 머리를 스치고 지나갔다.

이대로는 대학에 들어간다 한들 아무런 소용이 없다는 생각이 들었다. 정신이 너무나 혼란했고 이런 혼란스런 정신 상태로 대학에 들어가서 무엇을 어쩌겠냐는 생각을 떨칠 수가 없었다.

그 다음날 나는 합천에 있는 이모 댁으로 내려갔다. 이모부 내외는 내가 아파서 요양을 하러 내려왔다는 어머님 말씀에 친절하게 보살펴 주셨다. 처음 얼마 동안은 낚시도 하고 들로 산으로 돌아다니며 아무 생각 없이 지낼 수 있었다.

그러던 어느 날 개울가에서 흐르는 시냇물을 내려다보다가 항상 품고 있던 풀리지 않는 의문 하나를 해결하기도 했다. 좀 엉뚱한 생각이지만 나는 항상 신호등에 일정한 사람들이 모였다가 건너는 모습을 신기하게 생각하고 있었다. 신호등뿐만 아니라 버스정류장에 사람들이라든지 백화점이라든지 왜 항상 적당한 사람들이 모이게 되는가가 의문이었다.

사람들마다 나름대로 판단하고 행동하는데 왜 내일 올 사람들과 오늘 오는 사람들이 겹치지 않고 시간마다 자연스런 흐름이 이어지는 것일까 하는 뜬금없는 궁금증이었다.

시냇물을 가만히 내려다보니 물방울은 모두가 자기가 처음인양 나름대로 열심히 흘러 내려오지만 소용돌이에서는 항상 소용돌이가 치고 거품이 이는 곳에서는 항상 거품이 일고 있었다. 또 한쪽 구석에서는 항상 적당한 물들이 들어 왔다가 흘러 나가는 것을 관찰할 수가 있었다. 뭔가를 딱히 정의할 수는 없었지만 내 궁금증은 그냥 풀어져 버리고 있음을 느낄 수 있었다.

이렇게 무작정 한 달 정도가 지나가자 무언지 모를 또 다른 혼란을 느끼기 시작했고 그것은 아마도 시간에 대한 불안감이었던 것 같다. 그리고 이 혼란과 방황이 지나가려면 아주 많은 시간이 필요할 것 같다는 막연한 절망이 밀려들고 있었고 무언가 돌파구를 찾아야 한다는 생각을 어렵게 하고 있었다.

그렇게 지내던 어느 날 병무청이란 단어가 떠올랐다. 잘은 몰라도 군대와 연관이 있는 기관인 것 같았고 어쩌면 군대에 갈 수 있을지도 모른다는 생각이 들었다. 먼저 114에 전화를 걸어 병무청 전화번호를 물었다.

혹시 지원입대가 가능하냐고 물으니 올해부터 법이 바뀌어 특기가 없어도 지원입대가 가능하고 다음달 4월 1일부터 5일까지 지원입대를 받는다고 하였다. 나는 너무 기뻤고 4월이 오기만을 기다리다 부모님 몰래 지원입대를 하게 되었다. 나에겐 시간이 필요했고 군복무를 하면서 그 시간을 보낸다는 것은 일석이조라 생각했다.

그렇게 서울에 올라와 지원입대를 해놓고 8월까지 그 사실을 아무에게도 알리지 않고 있다가 입대통지서가 날아들기 하루 전날 내 음모는 들통이 나버렸다.

8월 말이었다. 내 행동이 이상했었는지 큰형은 학교에서 무슨 원서접수를 하지 않았다고 연락이 왔다며 나를 떠 보았고 나는 순순히 자백을 할 수밖에 없었다. 그리고 다음날 예상보다 두 달 먼저 날아든 입영통지서를 받아 들고 나는 속으로 뛸 듯이 기뻐했지만 집에서는 난리가 났다.

아버님은 아무 말씀도 하지 않은 채 나를 바라보기만 하셨고 어머님은 눈물을 글썽이며 막내아들의 비수를 눈감으려 애쓰셨다. 군에 가있던 작은형은 내 소식을 듣고는 매일 밤 꿈에 내가 나타나 탈영을 하고 사람을 죽인다며 광일이 절대 군에 보내면 안 된다고 전화를 걸어오기도 했다.

군에 입대하던 날인 1986년 9월 17일. 나는 혼자 의기양양하게 의정부 306보충대로 향했고 아무도 대문까지 따라 나오지 않았다. 그러나 훗날 제대 후 할머님께서 말씀해 주셨다. 평생에 그날처럼 아버님이 서럽게 우시는 것을 본적이 없다고….

아마도 그 당시에 나는 누가 보아도 그렇게 정상적인 아이는 아니었던 것 같다. 고등학교 삼년 내내 바지는 언제나 군복바지를 입고 다녔다. 위에는 겨울엔 코트와 여름엔 흰색 긴팔 티 하나를 줄기차게 입고 다녔고 머리는 도대체 감지를 않아 항상 떡이 되어 까치머리를 하고 있었다.

그리고 언젠가 부터는 오른쪽 어깨가 아파서 불구가 될 것 같다며 왼손으로 그림을 그리기 시작했다. 이렇게 항상 어딘가가 아프다며 한약방과 병원을 드나들었다.

내 방에서는 그림을 그리다 석고를 부셔버리거나 미친놈처럼 벽에 물감을 뿌리기도 했다. 한번은 책꽂이에 진열된 책들을 전부 칼로 찢어버리며 난동을 피우기도 했다. 어느 날은 고등학교 운동장에 있던 돌멩이를 집에까지 발로 차서 몰고 와서는 집 앞마당에 묻어 놓은 적도 있었다.

뭔지 모를 혼란과 방황 속에서 한때는 그 고통의 원인을 부모님 탓으로 돌리고 원망도 하고 가출도 했다. 방배동의 한 신문보급소에서 신문을 돌리다 새벽녘에 몰래 도망쳐 나오기도 했다. 신경이 너무나 날카롭고 피해의식에 젖어 있어서 주위에서 무슨 얘기를 하고 있으면 온통 나를 비웃고 있는 것 같았다.

혹시나 지금 누군가가 나를 욕하고 있지는 않은지를 항상 안절부절했다. 그리고 누군가가 레이더에 걸리면 쫒아가 죽여 버릴 듯이 미워했고 괴로워했다. 화가 났을 때 어머니께 내뱉던 말들은 정상적인 아이라고는 보기 힘들었을 것이다.

이러다보니 여러 차례 정신과 치료를 받기도 하고 언젠가는 스님이 되려고 어머님과 오대산 월정사를 다녀 온 적도 있었다. 신경정신과도 여러 군데 병원을 드나들었다. 나는 내 자신이 지극히 정상이라고 생각했지만 어머님의 권유에 못 이겼고 나 자신도 너무 힘들었기에 치료를 받을 수밖에 없었다.

강남성모병원의 의사선생님은 상담을 하다가 나에게 신경질을 내셨던 모습을 잊을 수가 없고 작은 외숙모가 근무했던 강북의 어느 큰 병원에 주로 갔었다.

오대산 월정사도 어머님의 권유였는지 내 의지였는지는 몰라도 스님이 되려고 했었던 것 같다. 어느 날인가 어머님과 둘이서 고속버스를 타고 월정사를 향했다. 물어물어 산 깊숙이 절을 찾아 걸어 들어가면서 왠지 숨이 막혀오는 것을 느꼈고 이곳에서는 하루도 견딜 수 없다는 생각이 들어 하룻밤을 묵고 서울로 올라왔다.

고속버스 맨 앞자리에 앉아 나를 데리고 내려가던 어머님의 모습을 잊을 수가 없다. 나는 마치 나에게 빚진 사람에게 빚 추궁을 하듯이 어머니를 대했고 어머니는 내가 무슨 말을 해도 흐려진 눈으로 그저 바라만 볼 뿐이었다.

아무튼 이런 내가 군대를 간다고 하니 부모님은 물론 형들의 걱정도 이만저만이 아니었다. 그러나 나는 알고 있었다. 이 방법이 지금 내가 선택할 수 있는 유일한 길임을….

19살 9월에 군대생활이 시작되었다. 의정부 306보충대 연병장에 앉아 자대배치를 받으며 나는 나 자신을 마치 벼랑 끝으로 떠미는 듯한 느낌을 받았다. 아무도 나를 위해 걱정하지 않는다고 생각했고 이 세상에는 오직 나 혼자라는 생각을 하며 스스로를 위로하고 있었다.

1사단 신병교육대를 거쳐 15연대 전투지원중대 관측하사로 제대하기까지 30개월은 내 인생에 큰 밑거름이 되었다.

비무장지대안의 도라OP에서 GOP생활을 하다 내무반에서 우연히 〈다시 태어나도 이 길을〉이란 사법시험 합격수기집을 보고 비로소 내가 대학을 가야하는 이유를 찾게 되었다. 법대에 가서 사시를 보자는 결심을 하게 되었다.

그때까지는 그림이 내 인생에 전부라 믿었지만 평생 그림만 그리기엔 무엇인가 아쉽다는 생각이 들었고 그림은 구지 배울 필요가 없다는 오만한 생각을 가지고 있었다. 그리고 그림이 호당 얼마로 팔리고 있는 미술계에서 나도 그림을 팔아야한다는 사실에 회의를 가지고 있었다.

나이가 들어 돈에 구애받지 않고 얼마든지 그릴 수 있다는 생각을 하게 되었다. 또한 군 생활을 통해 권력의 무서움을 피부로 체험했던 것이 무엇보다 큰 영향을 주었다.

그리고 언제부터인가 보초를 나가는 내 탄창꽂이에는 언제나 작은 영어사전이 들어 있었고 무턱대고 알파벳 A부터 Z까지 읽기 시작했고 3번 정도를 보았다. 비무장지대에서의 1년간의 영어 공부는 제대 후 대학에 들어가는데 큰 힘이 되었다.

비무장지대에서 나와 병장을 달고 군 생활이 편해질 즈음에 하사관 교육을 지원하게 되었다. 하사관 교육대에 입소하던 첫날에 소대 선임을 뽑는 투표가 있었다.

그런대 사단 수색대에서 온 다섯 명 중 덕대 좋은 두 명이 손을 들자 아무도 손을 들지 않는다. 그들은 입소시간을 지키지 않아 심한 얼차려를 받았는데 그것을 거뜬히 받아내는 모습을 보고 일백여 명에 가까운 다른 하사관 후보생들은 모두 기가 죽어 있었던 것 같다.

순간 나는 쪽 팔린다는 생각이 들어 손을 번쩍 들었고 모두 나를 찍어 주었다. 다음날부터 내무반 한쪽 구석에서는 다른 훈련병들이 지켜보고 있는 가운데 수색대 애들의 린치가 나에게 시작되었다. 나는 이리저리 맞으며 굴러다닐 수밖에 없었다. 그리고 이러다가는 훈련기간을 마치기도 전에 병원에 실려 갈지도 모른다는 생각이 들었다. 그렇게 며칠이 지난 후 나는 공갈을 치기로 작정을 하고 점호시간에 앞에 나와 이렇게 떠벌였다.

"우리 모두 군 생활 할 만큼 하고 병장 달고 와서 쪽팔리게 굴지 말자, 나도 사회에서 합기도 좀 할 때는 국가대표 핸드볼 골키퍼 이빨도 앉은자리에서 부러뜨려 보았다. 할 얘기 있는 사람은 조용히 일대일로 하자."

지금 생각하면 웃음이 나올 정도로 유치한 거짓말이지만 당시에는 지푸라기라도 잡는 심정이었고 내 생각은 그런대로 적중했다. 이날 이후로는 수색대 애들이 나를 건드리지는 않았다.

그러나 결국 소대원들을 한 명씩 지속적으로 구타를 하다 피투성이가 된 한 훈련병이 교육대장에게 발각되어 훈련병 전원의 소원수리를 받게 되었다.

나는 이때도 왠지 잘난 척을 하고 싶어서였는지 수색대 애들을 두둔하는 내용을 썼다. 그런데 어느 날 잠을 자고 있는데 수색대 한명이 나를 깨우더니 고맙다고 하며 짐을 싸고 있었다.

결국 이들은 교육기간을 다 채우지 못하고 중간에 5명 모두가 원대복 귀를 당했다. 교육기간동안 교관한테 주먹으로 가슴을 맞아서 갈비뼈에 금이 가기도 했지만 군 생활에서는 지나고 생각하니 가장 추억거리가 많았던 4주였다. 제대 무렵에 만든 추억록을 보다보니 이런 글이 쓰여 있다.

아직도 살아남아 유혹하고 있는
생명이 있다.
여태껏 버리지
못하고 숨겨둔 거짓이 있다.
아직도 알면서 버릴 수 없는
그 무엇이 나에겐 있다.
마치 마지막 카드인 양 잡고 있는
비굴이 있다.
시간은 한정되어 있고
자제는 곧 수치로 탈바꿈하고
시도는 다시 용기와 야합한다.
네가 원하고자 하는 상이 있다면
이제는 방향을 틀어야겠다.

1989년 3월 16일 제대. 내 나이 22살. 제대 후 나는 그림을 그리지 않고 대학을 가야 했다. 이제 수학을 하지 않고서는 안 된다는 사실을 깨닫고 2년을 계획하고 그해는 수학과 영어공부만 하기로 결심했다. 4월부터 7월까지 나는 신림동 어느 고시원에 처박혀 수학정석을 풀기 시작했다.

고등학교 때까지 수학을 거의 해보지 않았던 나에게 수학은 공포의 대상이자 넘지 않으면 안 되는 산이었다. 그래서 나는 우선 그 공포를 뛰어 넘기 위해 혼자서 수학정석을 처음부터 끝까지 한문제도 빠뜨리지 않고 풀기로 작정을 하였던 것이었다. 한문제도 건너뛰지 않고 모조리 풀어서 이해를 하고 넘어간다면 수학에 대한 공포만은 없앨 수 있으리라 생각했다.

워낙 기초가 없던 터라 처음엔 분수계산이나 인수분해 등에서 막혔다. 학원을 다닐 생각도 누구에게 물어볼 생각도 하지 못했다. 막히면 이해를 구할 때까지 한없이 생각하고 어떤 방식으로든 이해를 해야 다음문제로 넘어가는 정말 한심한 방법으로 공부를 하고 있었다.

어떤 날은 한 문제를 가지고 하루종일 생각을 하고 있었고 결국에는 어떤 형태로든 이해를 하고 넘어 가야 했다. 그리고 이 작업은 공부가 아니라 마치 러시안룰렛을 하는 심정으로 한 문제 한 문제를 대하는 것이었고 너무나 고통스러워했다.

뭐가 그렇게 힘들었는지 모르겠다. 나의 나약한 정신이 문제였는지, 나쁜 머리가 문제였는지, 아니면 이해되지 않으면 다음문제로 넘어 갈 수 없는 원칙이 문제였는지 나는 나도 모르게 행동이 조금씩 이상해지고 있었다. 그리고 이렇게 혼자 울부짖고 있었다.

"언젠가 이런 고통을 주는 너의 멱살을 잡아 끄집어 내리고 말겠다고…"

이렇게 4개월가량을 보내고 나니 수학 정석 한 권을 끝까지 다 풀 수 있었으나 왠지 자꾸 죽고 싶어지는 자신을 발견할 수 있었다. 찻길을 건널 때는 달려오는 차에 옷깃을 스치듯 건너려 하다 보니 달리던 자가용들이 내 앞에서 급브레이크를 밟기도 하고 버스를 타고 갈 때는 옆 차가 시원하게 우리차를 박아 버렸으면 하는 생각이 들기도 했다.

요즈음에 차 사이를 부딪칠 듯 질주하는 오토바이 폭주족들을 보면서 고개를 젓기도 했지만 그때에 내 모습을 생각하니 이들은 양반이라는 생각이 들기도 한다.

7월 말 어느 날인가 모처럼 집에 와서 주말을 보낸 일요일 날 아침이었다. 월요일에 다시 고시원으로 들어갈 생각을 하니 숨이 막혀왔다. 가기 싫다는 생각보다는 고시원에 가는 길에 뭔가 사건이 터졌으면 하는 마음이 간절했는지도 모른다.

전화벨이 울렸다. 우리 건물 앞에서 교통사고가 났다는 전화를 받고 달려 나갔다. 사람들이 대로변 한쪽에 몰려있었고 사람들을 밀치고 들어가 보니 아버님이 누워계셨다. 큰길 양쪽 도로변으로 우리 빌딩이 마주보고 서있어서 아버님은 항상 그 앞 횡단보도를 가로질러 다니셨는데 그러다가 사고가 났던 것이었다.

그런데 외관상으로는 아무렇지도 않아 보여 순간 나는 왜 이곳에 누워 계신거지 하는 생각을 하며 부축을 하려 했다. 워낙에 어려서부터 할아버지가 술을 드시고 동네 거리에 누워계시길 잘해 이런 모습에 조금은 익숙해져 있었던 것 같다.

아니면 그 당시 나의 정신 상태는 그 어떤 충격을 감지하기엔 너무나 무감각해져 있었는지도 모르겠다. 큰 충격 없이 아버님의 시신을 추스르고 있었다. 누군가 차를 가져왔고 병원으로 가는 도중에 아버님의 죽음을 생각했고 그렇게 돌아가셨다. 나는 마치 내 죽음을 대신하는 느낌을 받았고 그날 이후로 나는 다시 쉴 수 있었다.

그렇게 그 해를 보내고 다음 해 1월부터 다시 학력고사 준비를 하기 시작했고 대학에 들어갔다.

대학 입학 후 시작된 고시공부는 2학년 겨울방학 때까지 계속되었다. 방학 때는 서울 인근에 있는 고시원에 들어가 있으면서 나름대로 열심히 한다고 했다. 그러나 내 머리는 공부머리가 아니란 사실과 내가 계획한 기간까지는 끝낼 수 없음을 깨닫고 2년 만에 포기해야 했다. 26살 대학 3학년 여름방학이 되서야 처음 여자도 사귀고 당구도 치고 여행도 다녔다.

2. 젊음에 대하여

젊은 날의 고생이란

지금 나는 내 젊음이 제법 기구했다고 생각하나 보다.

돌아보면 대학을 들어오기까지가 조금 힘들었고 입학 후 그저 2년간 남들 고시공부 하는 만큼 했을 뿐이다. 이후에는 평범하고 행복한 생활이었다 말할 수 있을 것이다. 대학에 입학하고 천마산자락의 고시원에 박혀서 공부를 할 때 나는 이런 생각을 가지고 스스로를 달래곤 했다.

인생은 공평하다. 누구나 누릴 수 있는 행복과 고통의 양은 인생 전체를 통해 똑 같을 것이다. 나는 다만 그 고통들을 젊은 시절 앞당겨서 미리 치루고 있는 것이다. 그리고 그 고통들을 젊어서 많이 진하게 치룰 수 록 훗날 더 행복한 삶을 얻을 수 있을 것이다.

이런 믿음이 있었고 지금 돌아보면 정말 그렇지 않나 싶다. 비록 그 공부가 결과를 얻지는 못했지만 그런 일련에 과정들이 내 인생의 밑거름이 되어 그 이후의 삶에 큰 영향을 주고 있다는 생각이 들곤 한다. 그런데 이런 말을 어쩌다 와이프에게 하면 콧방귀도 안 뀐다.

"어휴, 그게 고생이야. 자기가 하고 싶은 공부하는데 뭐가 힘들었다고, 나는 하고 싶어도 못했어."

이럴 때면 사실 나는 할 말이 없어진다. 그리고 생각해보면 아무런 고생을 하지 않았는지도 모른다. 단지 남들과는 조금 다른 길을 통해 대학을 들어오고 고시흉내를 조금 낸 것이 다인지 모른다. 그러나 한편으로는 이런 변명도 해본다.

고생이란 사람마다 그가 처한 환경에 따라 다른 모습으로 다가간다고 말이다. 나에겐 평범한 일상이 어떤 이에겐 고생이 될 수도 있을 것이고 나의 고생이 다른 사람에겐 일상이 될 수도 있을 것이다.

이렇듯 조금씩은 각자가 처한 상황 속에서 그럼에도 불구하고 좀 더 자신을 채찍질 하는 것이 고생이 아닌가 생각해 본다. 그리고 그것이 육체적이든 정신적인 것이든 간에 그 이후의 삶의 방향을 결정지어 주는 중요한 순간임에는 틀림없을 것이다.

도전에 관하여

젊은 날에 도전과 거기서 얻은 성취감은 그 인생에 무엇보다 소중한 경험이 될 것이다. 나의 첫 번째 도전은 내신 8등급이었다. 나는 지금까지도 내 고등학교 내신을 틈만 나면 떠벌리고 다닌다. 두 번째 도전은 재수를 하다말고 요양을 한다며 합천 이모 댁에 가서 방황하고 있을 때였다. 어느 날 아침 이모 집 앞에 있는 다리를 건너다 쳐다본 산 봉오리에 관한 추억이다.

다리 왼편으로 저 멀리 아득히 보이는 산봉우리 하나가 마치 나를 비웃기라도 하는 듯이 나를 내려다보고 있었다. 나는 다리 한가운데 멈춰섰고 괜히 보았다는 느낌을 지울 수 없었다. 다리 밑으로 흐르고 있는 하천을 따라 끝까지 가면 그 산으로 갈 수 있을지도 모른다는 생각이 들었다. 다리 아래로 내려와 하천을 따라 올라가기 시작했다.

계속 가다보니 내가 본 산봉우리와는 방향이 달라지고 있어 다시 논밭 길과 도로를 가로질러 그 산봉우리만 바라보면서 무작정 걸어갔다.

어느 마을을 지나 산기슭에 깊숙이 들어가자 폭포가 나왔다. 폭포 때문에 더 이상은 갈수 없다고 변명하면서 혹시나 하는 마음에 그 주변을 둘러보니 작은 길이 폭포 위로 나있었다.

그렇게 폭포를 넘어 인적 없는 깊은 산중에 들어 왔다고 느꼈을 때 거기엔 평화로운 집들과 밭들이 있었다. 그곳을 지나 계속 걸어 가다보니 드디어 나를 지긋이 내려 보고 있었던 그 산 봉우리가 먼발치에 들어 왔다.

드디어 다왔다는 기쁨을 가지고 산에 오르기 시작했다. 그러나 막상

산을 오르기 시작하니 지금껏 보면서 왔던 그 봉우리는 보이지 않았고 능선을 잘못타서 다시 내려가야만 했다.

이렇게 길도 없는 덤불속에서 해매며 산을 오르다 보니 서서히 몸은 지쳐갔고 돌아가야 한다는 생각이 들기 시작했다. 그러나 나는 끝까지 계속해서 올라갔고 어둑어둑해질 무렵이 되서야 내가 보았던 그 산봉우리를 눈앞에서 발견하게 되었다. 하지만 그쪽으로 가기 위해선 두 능선사이의 절벽을 가로질러야 하는 마지막 선택의 갈림길에 서게 되었다.

이쪽 능선에서 두세 발을 굴러 저쪽 능선에 있는 소나무를 몸이 미끄러지기 전에 잡으면 가능했다. 순간 너무 많은 생각이 스쳐지나갔다. 돌아가려면 지금 돌아가야 한다는 생각이 먼저 들었다. 아니 지금 돌아간다고 하여도 무사히 갈지도 의문이었다.

이미 몸은 탈진해 있었고 날은 어두워지기 시작했다. 저 능선으로 몸을 던진다는 것은 내려오는 것을 포기하는 것이고 죽을지도 모른다는 생각이 엄습했다.

하루 종일 걸어 다리는 움직이기 힘들 정도로 지쳐있었고 3월이었으나 허기가 지고 산바람에 땀이 식으면서 몸도 추워지기 시작했다. 발을 조금만 헛딛거나 소나무 밑둥치를 재빨리 잡지 못해도 절벽 아래로 떨어지는 순간이었다. 그러나 망설임도 잠깐이었다. 이런 생각이 스치고 지나갔다.

"다른 모든 사람들은 이 순간 돌아갈 것이다. 나는 달라야한다."

나는 몸을 날렸고 소나무 아래를 한쪽 손으로 잡았다. 몸을 끌어 올려 그쪽 능선으로 넘어가 조금 걷다보니 저만치에 나를 내려다보던 그 산봉우리 바위들이 눈에 들어왔다. 비틀거리며 그 바위 위로 올라가 주저앉아 가만히 아래를 내려다보고 있었다.

그렇게 간절히 원했던 정상이었건만 아무런 기쁨도 환희도 없었다. 그냥 저녁노을에 회색빛으로 물들고 있는 산 아래를 바라보면서 이제 죽었구나 하는 생각밖에 들지 않았다. 왠지 모를 눈물이 눈에 고여 흘러내렸다.

그때였다. 갑자기 하늘나라에서 나지막이 음악소리가 들리기 시작했다. 환청인가 싶더니 가만히 정신을 차리고 들어보니 분명 라디오에서 흘러나오는 음악소리였다. 두리번거리며 소리 나는 방향을 가늠해보니 저만치 수풀 넘어 어딘가에 누군가 있다는 생각이 들었다.

한편 기쁘기도 했지만 너무나 멀게 느껴질 만큼 다리는 꼼짝하기가 싫었다. 그래도 살고자하는 마음에 소리 나는 곳을 향해 한걸음씩 움직이기 시작했다. 거기엔 조그만 텐트가 쳐져있었고 남자 한 분이 마치 나를 기다리고 있었다는 듯이 라면을 끓이고 있었다.

처음엔 어이가 없다는 듯이 나를 바라보다가 내 얘기를 듣고는 자신이 끓여 놓은 라면을 나에게 내밀었다. 그 라면을 얻어먹고 기운을 차리니 날은 이미 칠흑같이 어두워지고 있었다.

그분은 자신이 절벽 아래로 사다리를 만들어 놓았다면서 산 반대편 어딘가를 어둠속으로 가리키며 내려가는 길을 알려 주고 있었다. 나는 꼭 다시 찾아와 이 은혜를 갚겠다고 몇 번씩 다짐하며 인사를 하고 그분이 가라는 대로 내려가기 시작했다.

그러나 이미 산 지형을 분간할 수가 없어 그분이 설명하는 곳을 알 수는 없었다. 그래도 왠지 나는 두렵지 않았고 그쪽을 향해 주섬주섬 걸어 내려갔다. 그러다 갑자기 깎아지른 듯한 절벽에 이르러 그 아래를 살펴보니 거기엔 마치 구름 아래로 내려놓은 듯한 길고긴 사다리가 내려져 있었다.

사다리를 타고 절벽을 내려오니 저 멀리에 마을의 불빛이 보였다. 산중턱 바위사이에 아직도 녹지 않은 눈들로 갈증을 달래며 불빛이 보이는 마을 쪽으로 걸어 내려가기 시작했다. 산의 반대편에 있던 마을은 생각보다 가까웠고 길도 나쁘지 않았다. 마을에 도착하여 동네 할아버지들께 이모 집 마을이야기를 하니 차비를 주며 거기까지 가는 버스가 있다고 알려 주신다.

그렇게 버스를 타고 저녁 늦게 이모 집에 도착하니 난리가 나있었다. 이모부는 아침나절에 하천을 따라 올라 가는 것을 동네분이 보았다는 말을 듣고 내가 죽으러 간지 알고 동네사람들을 모아 찾아 나설 준비를 하고 계셨다. 그리고 이모는 서울 부모님께 전화를 걸어 부모님들도 큰 걱정을 하고 계셨던 모양이었다.

이렇게 나의 산봉우리에 관한 작은 추억은 마감을 하였다. 라디오를 켜놓고 나를 살려준 그 분은 거기서 산불 감시를 하면서 군대생활을 대신한다고 하였다. 그러나 아직도 다시 오겠다는 약속을 지키지 못한 것이 마음에 빚으로 남아있다.

세 번째는 국민대학교 입학이었다. 아버님이 돌아가시고 이듬해 1월 기숙하는 학원에 들어가 6개월을 공부하니 서울에 있는 대학조차 가기 힘든 모의고사 점수가 나왔다.

안되겠다 싶어 7월에 다시 고시원에 들어가 혼자서 굿을 하기 시작했다. 국민대학교 사진을 붙여놓고 5개월가량 열심히 했으나 성적은 어려웠다. 그러나 나는 국민대 법학과에 응시했다. 너무도 불안하여 수학 답만 수험표 뒤에 써가지고 나와 집으로 돌아오는 차안에서 맞추어 보았다. 정확히 객관식문제만 4문제가 맞았다. 시험 하루전날까지도 포기하지 않고 열심히 수학공부를 했는데 8점이라니….

아침에 형수한테 하고 나온 말이 씨가 되었나. 난 형수한테 이렇게 외치고 나왔다.

"내가 모르는 문제는 모두 틀리기를 기도해주세요."

그리고 이런 생각도 들었다. 과연 떨어질 수 있을까? 이 정도 했는데도 떨어질 수 있을까? 만약 신이 있다면 나는 떨어지지 않을 것이라고…. 그리고 합격은 신의 존재를 확신하게 되는 계기가 되었다. 거짓말처럼 나는 쉬는 시간에 국사 주관식 한문제와 영어 주관식 한 문제를 보았고 맞힐 수 있었다. 우연이라고 하기에는 너무나 많은 행운이 따랐던 시험이었다.

1교시 국사시험을 치르기 직전에 나는 국사책 1페이지부터 읽기 시작했다. 조금 읽다가 책을 덮고 가방에 넣으려고 몸을 숙이다가 혹시나 하는 마음에 중간 한 페이지를 펼쳐서 엉거주춤 읽기 시작했다.

그런데 여태껏 알지 못했던 내용이 세 가지로 분류가 되어 있음을 생각하며 책을 넣을 수 있었다. 그리고 시험지를 받자마자 국사 주관식 문제를 보니 방금 펼친 그 페이지에 있었던 내용을 세 가지 모두 쓰라는 것이었다.

점심을 먹고 난 다음엔 영어시험이었다. 영어시험 전에 따로 공부할 것도 없어서 뭘 하고 있을까 망설이다가 어젯밤에 챙겨 넣었던 모의고사 영어 답안지가 생각났다. 이건 또 뭐하는 짓인가 싶기도 했지만 영어 답만을 쭉 훑어보기로 했다.

보다 보니 'hopeless'란 단어가 슬쩍 지나갔다. 그리고 영어 주관식 문제를 보니 긴 예시문과 함께 '문맥에 맞게 hope를 변형해서 쓰시오' 라는 문제가 보이는 것이 아닌가…. 난 순간 이건 신에 계시라 믿고 예시문도 읽지 않고 답을 쓸 수가 있었다.

이 두 문제는 내가 국민대학 법학과에 수학 8점을 맞고 커트라인에 걸려 대학에 입학하는 영광을 안겨다 주게 되었다.

혼란과 방황에 대하여

누군가 질풍노도의 시기라고 했던가. 그 당시에는 몰랐는데 지금 와 돌이켜보니 그야말로 질풍노도의 시기를 지나왔던 것 같다. 무엇이 그렇게 힘들고 혼란스러웠는지 모르겠다. 불완전한 자아를 가지고 너무나도 힘들어했다.

그리고 이 모든 방황과 고통의 원인을 부모님 탓으로 돌리고 원망하기 시작했다. 내가 이렇듯 불안하고 고통 받는 것은 사랑받지 못하고 자라서 정서가 불안하기 때문이고 그것은 온전한 사랑을 주지 않은 어머니 때문이라 여겼다.

나의 이런 정신적 방황은 10대를 지나 20대 후반까지도 계속되었다. 나는 밤마다 글을 써야 했고 내 머릿속 실타래를 풀기까지는 아주 오랜 시간이 필요했다.

글을 쓰고 싶어서가 아니라 글을 쓰지 않으면 안 되었기에 나는 매일 밤 글을 썼다. 풀어도 풀어도 끝나지 않는 숙제를 하듯이 글을 썼고 그

내용은 훗날 보아도 잘 이해되지 않았다. 대부분이 아마도 부모님에 대한 원망과 내 불완전한 자아에 대한 고민, 내 머릿속을 떠돌아다니는 다른 사람 생각들이었다.

그리고 이 습관은 대학교 때까지 계속되었고 차츰 그 양이 줄어들기 시작하여 사회생활을 하면서 언젠가 부터는 글이 써지지 않는 자신을 발견할 수 있었다.

그 모든 혼란과 방황의 실타래가 다 풀어졌기 때문인지 아니면 너무 둔해져서 살만해져서인지는 모르겠다. 그 당시에는 하루라도 빨리 도망치고 싶을 만큼 정신적으로 힘들어했지만 지금 와 돌아보면 너무나 고마운 시기가 아니었나 싶다. 그 과정을 통해서 나는 좀 더 깊어졌을 것이고 지금에 내 모습을 만들 수 있었던 것이라 생각한다.

그리고 한편으론 청소년기의 정신적 방황과 혼란은 어쩌면 너무나 자연스러운 과정이고 조금은 필요한 것이 아닌가하는 생각도 해본다. 정서적으로 안정되고 큰 방황 없이 청소년기를 잘 보내는 것도 좋겠지만 치열하게 해매이고 서성여보면서 또 다른 자신을 조금씩 발견하게 될지도 모를 일이다. 무엇인가를 괴로워하며 나는 이런 글을 써놓기도 했다.

눈만 뜨고
보기만 보고
갈수 없는 모양만큼
비참한 노릇도 없습니다.

눈만 주고

입만 주고

손을 주지 않은 모양만큼

불행한 삶도 없습니다.

그래서 어쩔 수 없이

눈을 채우고

입을 채우기 위해

가야하는 손이 있습니다.

진로에 관하여

고등학교 때까지 그림은 내 인생에 전부였다. 미술학원 선생님들도 그랬고 나 역시 그렇게 생각했다. 고3때 법대로 진로를 정했다는 친구에게 어떻게 남자가 법대를 가서 죽은 학문을 할 생각을 하냐고 하면서 말리기도 했었다. 그러나 나는 4년 후 법대를 가서 고시공부를 하고 있었다.

대학 4학년 때까지도 남자가 어떻게 직장생활을 하냐고 죽었다 깨어나도 나는 취직은 안한다고 떠벌리고 다니다 학과에서 제일 먼저 취업을 했다. 사업은 내 체질에 안 맞을 거라 생각했지만 나는 형이 벌려 놓은 사업을 잘 꾸려 나가며 재미를 붙이기도 했다. 형이 주식을 시작하자 노력하지 않고 돈 벌 생각을 하냐며 형을 말리던 나는 1년 후 증권회사에 입사해 투자 상담을 하고 있었다.

그리고 치과에서 무심코 신문을 보다 중개사 시험공고를 보고 남는 시간을 활용하자는 생각에서 시작한 공인중개사 자격증은 내 인생의 진로를 완전히 바꾸어 놓아 버렸다.

이렇듯 내 인생의 진로는 내 생각의 끝과 끝을 왔다 갔다 하며 흘러가는 데로 진행되어졌다. 그러다 보니 지금은 어떤 확고한 생각을 했다가도 그것이 전부라 단언하기가 두려워지기도 한다.

사법고시를 포기하고 공무원시험 준비를 하기도 했고 주식을 할 때는 1종, 2종투자상담사, 금융자산관리사, 운용전문인력, FRM까지 시험을 보기도 했다. 그러나 FRM 시험에서 2년 연속 낙방을 하고 운용전문인력 시험에서도 보기 좋게 떨어지게 되었다.

이 시험들을 통해서 확실히 내 머리는 공부머리가 아니란 사실을 다시 한 번 확인할 수 있었고 특히 숫자가 들어가는 시험은 좀처럼 될 수 없다는 사실을 알게 되었다. 나는 계산을 하면 풀 때마다 항상 답이 다르게 나온다. 계산뿐만 아니라 그냥 어떤 물건들을 셈할 때도 그럴 때가 많다. 계산을 하면서도 항상 머리 뒤에서는 딴생각을 하고 있어서 여간해서는 답이 잘 나오지 않는다.

나보다 훨씬 늦게 시작해서 내가 땄던 자격증을 따기 시작한 내 친구는 결국 F. R. M시험까지 1년 만에 붙으며 나를 앞질러 버려 나를 무색하게 만들어버렸다.

운용전문인력시험에 떨어져 다음번 시험을 기다리다 우연히 공인중개사시험도 보게 되었다. 처음엔 장난삼아 시작했다가 막상 공부를 하면서 꼭 따야겠다는 욕심이 들어 그해에는 1차 시험만 보게 되었다. 이렇듯 그 상황에서 할 수 있는 차선책을 찾아 해매이듯 살다보니 여기까지 오게 되었다.

물론 지금의 내가 책을 쓸 만큼 성공한 것도 자랑거리가 있는 것도 아니란 사실을 잘 알고 있다. 다만 이 정도 평범하고 행복하게 살아가는 것도 어쩌면 내가 지금 누릴 수 있는 최고의 성공이 아닌가하는 생각을 해본다.

그리고 나는 천성이 그렇게 치열하게 열심히 사는 사람은 아니다. 언제나 순리에 몸을 맡기고 그 흐름을 즐기기도 한다. 형과 사업을 할 때는 포커도박에 빠져 2년간 하우스를 전전하기도 했고 부동산에 취업을 해서는 3년 정도를 스스로 지금은 휴식중이라며 게으른 하루하루를 보내고 있기도 했다.

3. 희망에 대하여

군대생활을 하다 어느 날 나는 나를 위로할 어떤 문구를 만들고자 하였다. 19살. 친구들은 모두 대학에 들어가 젊음을 누릴 그 시기에 나는 비무장지대에 들어와 너무도 앞날이 막막한 생활을 하고 있다는 생각이 들었다. 가슴이 답답해왔다.

무언가 나를 변명하고 위로할 문구를 떠올리려 애썼다. 그리고 어느 날인가 '젊음은 기구할수록'이란 말이 떠올랐고 이내 '희망은 희박할수록'이란 문구가 따라 왔다.

그 후로 언제나 나는 이 문구를 되뇌며 나를 위로했고 고비가 닥칠 때마다 이 말을 되새기면 마음이 편안해짐을 느낄 수 있었다.

희망은 언제나 그렇게 희박했던 것 같다. 그러나 그 희박함은 내 전부를 던진 절망 속에서 피어나곤 했다. 병무청이란 단어가 그렇게 떠올랐고 산 정상을 그렇게 밟았고 대학도 그렇게 들어갔다. 그리고 결혼도 어쩌면 그렇게 했는지도 모른다.

희망은 이렇듯 언제나 절망의 끝에서 피어나는 꽃망울의 모습으로 수줍게 다가왔다. 그렇기에 희망은 언제나 그렇게 희박했던 것이고 그렇게 쉽게는 결코 다가오지 않았다.

절망의 끝에서 실낱같은 희망의 끈을 잡고 끝까지 버티고 기다려야 한다. 아마도 희망의 끝에는 절망이 기다리고 있는지도 모를 일이다. 희박한 희망일수록 더 크게 쓰이는 희망이 되고, 희망이 희박할수록 더 크게 이뤄내는 희망이 될 것이라 믿는다.

고등학교 3학년 때 영어선생님이 나에게 던진 한마디가 아직도 내 귓가에 맴돈다. 문제풀이를 하라고 시켰으나 모른다 하지 않고 반장한테 들었다고 하면서 이런저런 얘기를 주절 되자 선생님은 반 아이들에게 특유의 말투로 이렇게 외쳐 주셨다.

"희망이 보인다."

그러나 나는 속으로 이렇게 생각했다. 도대체 뭐가 희망이 보인단 말인가… 나를 비웃는 말인가…. 이미 낼 모래면 학력고사이고 공부는 다 끝난 상황인데 뭐가 희망이 보인다는 건지 나는 의아해했다. 그러나 아마도 선생님은 알고 있었는지 모른다. 희망이란 그렇게 이미 희박해진 상황에서 쓰이는 단어임을….

그리고 언제부터인가 나는 자꾸 이 말이 떠오르기 시작했고 그 선생님의 그 한마디는 꺼질듯 한 내 삶에 희망의 불씨를 자꾸 되살아나게 하였다. 선생님이 던져준 말의 씨앗은 내 가슴에 자리를 잡았고 나도 모르는 사이에 조금씩 커 나갔던 것 같다. 희망은 그것을 품은 사람에게서만이 피어날 수밖에 없는 작은 씨앗과도 같다는 생각을 해본다.

희망의 씨앗을 품고 살아가기만 해도 충분히 우린 희망이 있는 사람이 될 수 있을 것이다. 그것을 끝까지 품고 살아간다면 그리고 간절히 기도한다면 언젠가는 그 씨앗은 새싹을 내보이며 화답할 것이다.

고등학교 1학년 때부터 남달리 친했던 친구의 하소연이 생각난다. 이 친구는 자신의 삶은 고 1때의 담임선생님 때문에 꼬이기 시작했다며 엄청난 원망과 미움을 토해내고 있었다. 그 이유는 이랬다.

그 친구의 아버님도 우리 담임선생님과 마찬가지로 국어선생님이셨는데 두 분이 어떤 악연이 있었던 것 같다. 그 이유 때문인지 내 친구는 마음에 상처가 되는 선생님의 악담을 자주 듣게 되었던 것이었다.

하지만 나는 그 친구의 하소연을 들을 때는 모든 것이 자기 탓이지 벌써 수십여 년이 지난 일을 가지고 자신의 불운의 원인을 찾고 있는 그 친구가 이해되지 않았다. 그러나 지금 와 생각하니 너무나 공감이 되고 지금은 나조차도 그 선생님이 미워지기 시작했다.

우리는 말을 통해서 한사람을 죽일 수도 있고 살릴 수도 있다는 생각이 든다. 청소년기에 말썽을 자주 피웠던 작은형은 아버님이 술을 드시고 야단칠 때면 이런 고함소리를 들어야 했다.

"죽어, 죽어."

그리고 우리 작은형은 지금 죽은 사람보다도 못하게 살고 있는 것이 분명하다. 다행스럽게도 내 기억 속에는 누군가에게 나쁜 말을 들었던 기억이 없다.

초등학교 시절에 동네 한 아주머니가 "어휴 눈웃음치는 것 좀 봐, 여자 애들 좀 울리겠는데"라는 이 말이 가슴에 자리 잡아서였는지 나는 그 점을 항상 조심하면서 살아 왔던 것 같다.

그리고 이런 경험도 있었다. 한참 외모에 관심이 많았던 고등학교 때 나는 내 콧대가 너무 낮다는 생각에 심한 콤플렉스를 갖고 있었다. 내 주관이 없고 이렇게 남에 눈치를 살피는 것은 낮은 콧대 때문이라는 생각을 가지고 더 괴로워했다.

그러던 어느 날 미술학원에서 한 누나가 내 코가 잘생겼다는 말을 해준 그날 이후로 내 코 콤플렉스는 씻은 듯이 사라졌다. 결혼 후에도 가끔씩 와이프에게 그때 얘기를 하며 내 코를 자랑스레 내밀어 보이기도 한다. 이렇게 우리가 뱉은 한마디가 어떤 이에게는 바로 희망의 씨앗이 되었을지도 모른다.

어디서 들었는지 모르겠지만 '말은 생명이요, 희망이다'라는 문구가 떠오른다. 우린 말을 통해서 생명과 희망의 씨앗을 퍼뜨리기고 있다는 생각이 든다. 희망이 있다는 것은 곧 생명이 있다는 것이고 생명은 곧 희망일수도 있을 것이다. 그것이 희박하다면 그 남아 있는 희망과 생명은 그 만큼 소중한 가치를 지니게 될 것이다.

그래서 나는 아이들에게 말조심을 하려고 애쓰고 의도적으로 자꾸 칭찬을 해주려고도 노력한다. 신경질도 잘 내고 야단도 잘 치는 많이 부족한 아빠의 모습이지만 조금씩 고쳐 나가려고 한다.

자녀들에게 부모가 해줄 수 있는 가장 큰 교육은 부모의 말과 행동일 것이다. 그중에서도 부모의 말은 아마도 그 누구의 말보다도 아이들의 뇌리에 깊숙이 똬리를 틀고 있다가 그 아이를 지배하게 될 것이다.

말은 이처럼 내뱉는 순간 없어지는 희박한 존재이지만 거기에서 희망과 절망의 씨앗이 움트고 있다. 그래서 희망은 우리의 말처럼 허공에 날아갈듯 한 초라한 모습이지만 우리가 잡고 품으려 한다면 반드시 살아나는 씨앗과도 같다.

지금 나는 내가 하고자 하는 일이 있고 되고자 하는 사람에 모습이 있다. 그러나 지금 내 모습을 돌아보면 너무나도 희망이 없어 보인다. 그래서 나는 자꾸 되뇐다. 그리고 나는 자꾸 이야기한다. 내 말의 권능으로 내 희망의 아련한 불씨가 타오르기를 기대하면서…. 캄캄한 어둠 속에서 아련히 보이는 아주 작은 불빛…. 이것이 진정한 희망이 아닌가 싶다. 그리고 오로지 그 작은 불빛을 향해 살기 위해서, 온몸을 던져서 한걸음씩 나아간다면 언젠가는 다다를 수 있을 것이다. 아련해진 꿈을 생각하며 이런 낙서를 하기도 했다.

태양

고개를 들어 먼 옛날 번뜩이던 곳으로
간절히 바랬던 꿈이 있는가.
혹 지금 나를 태우고 있는 것은
감정의 실갱이는 아닌지…
아직도 태양은 타고 있는가.

2부

내 첫사랑은 민정이란 아이였다. 고등학교 3학년 때 미술학원에서 돌아오는 길…. 동네어귀에서 저 멀리 누군가 나를 보고 멈춰 서 있다. 설마 나를 보고 서 있을 리 없다며 지나치려는 그 순간 그 눈빛…. 민정이었다.

그러나 나의 발걸음은 멈추지 않았고 "어, 너니"란 외마디를 던지면서 나는 지나쳐버렸다. 집에 와서 나는 그런 내 자신이 너무 한심스럽고 미안해 이렇게 중얼거렸다.

"인연이 닿는다면 너와…."

3년 전… 고등학교 1학년 때였다.

동네 골목에서 친구들과 놀다 문득 조그만 아이하나가 바로 내 눈 밑에서 나를 바라보고 있었다. 나는 얼어붙듯이 그 꼬마를 내려다보고 있었다. 순간 너무나 많은 생각들이 내 머리를 스치고 지나갔다.

마치 나를 다 이해 한다는 듯 바라보는 그 꼬마의 눈빛을 보며 시간이 멈춰진 듯 했다. 내가 왜 이래 이건 아니야… 앞으로 또 이런 여자를 만날 수 있을 거야… 조그만 게 뭘 안다고… 어떤 남잔지 행복하겠다….

표현하기 힘든 너무나 많은 생각들이 머리를 스쳐 지나갔고 그 눈길을 차마 뗄 수가 없었다. 그러나 나는 애써 무시하며 고개를 돌렸다. 그리고 3년 후 말 한마디 해보지 않은 그 꼬마아이가 몰라볼 정도로 성숙한 소녀의 모습을 하고 나를 보고 서 있었던 것이었다.

군에서 제대하기 몇 달 전 마지막 말년휴가를 나와서 우연히 골목에서 진수란 동네친구를 만났다. 그런데 그 친구가 나에게 민정이의 이사간 주소를 건네주며 편지를 쓰라는 것이었다.

그 친구는 그때 막 군에 입대했다가 휴가를 나왔던 것 같고 혼자 편지쓰기가 쑥스러웠는지 나보고도 쓰라는 것이었다. 말 한번 해보지도 않았고 두 번 스쳐보았을 뿐인데… 왜 그리 편지가 잘 써지던지….

그리고 잉크도 마르지 않은 답장을 받던 날이 내 군 생활에 가장 행복한 순간이 아니었나 싶다. 내가 제대하던 해에 그녀는 대학 1학년이 되어 있었다. 그리고 제대 후 2년이 지나고 대학에 들어가서야 나는 민정이에게 연락을 해야겠다는 생각을 하게 되었다.

그러던 어느 날 현준이란 친구 집을 놀러갔는데 그 친구가 주머니에서 종이쪽지 하나를 꺼내더니 나보고 연락을 하라고 주는 것이 아닌가.

바로 민정이집 전화번호였다. 왜 나에게 이 연락처를 주냐고 물었더니 너 민정이 하고 친하지 않았냐며 연락을 해보라는 것이었다. 연락을 했고 우리 집근처에서 한 시간 가량의 만남을 가졌다. 그리고 언젠가 그녀 집 앞에서 손목을 잡으며 실랑이를 한번 한 것이 그녀와의 만남의 전부였다.

그 당시 난 전화 한통에 목숨을 걸었던 것 같다. 만나자고 전화를 했다가 시간이 없다고 하면 난 한 달이고 두 달이고 전화를 하지 않았다. 그리고 6개월쯤 지나 전화를 하면 당연히 안 된다고 하고 다시 1년이 흐르고 2년이 흘렀다.

그때는 고시공부를 하고 있던 터라 고시원에 가 있을 때마다 구구절절한 편지만을 보냈고 만남은 단 한 번도 이루어지지 않았다. 그렇게 대학 2학년 여름방학이 지나갈 무렵 신림동 고시원에서 이런 내용의 시를 보내기도 했었다.

겉모습이고 싶지는 않았지만
난 그것을 사랑했고

이건 아니라고 느꼈지만
난 그것을 사랑했다.

흔한 일이 될 것을 믿었지만
결국 그것은 충격이 되었고

도대체 이유를 알고 싶었지만

결국 그것은 설명되지 않았다.

타오름 없이 가슴을 채우고 있는

열 해의 가을이 가고 있다.

그러나 바보 같은 오기로 연락을 안 했고 잊기 위해 다른 만남을 갖기도 했다. 애정이 결핍되어서인지 아니면 그 당시 내 정신상태가 그래서였는지는 몰라도 단 한 번의 거절도 나는 용납하기가 어려웠다.

그렇게 시간이 흘러 몇 해가 지나가자 나는 아예 연락을 할 엄두조차 내지 못했다. 그리고 세월이 흐른 뒤 서른이 넘어 어느 날 전화를 했을 때는 다음해 2월에 결혼한다는 소식을 들을 수 있었다.

나는 겁쟁이다. 어쩌면 너무 치사한지도 모른다. 민정이와도 그랬고 그 이후의 만남 또한 그랬다. 그 이후의 만남은 주로 이런 식이였다.

여자는 사귀고 싶고 내 여자는 아닌 것 같고… 이 감정을 숨길 수 없어 상대방에게 말하고 그것도 모자라 상대가 잊은 것 같으면 또 확인시키고…. 이렇게 조금은 치사한 방법으로 난 연애라는 것을 했다. 그래서인지 사랑을 해본 기억이 없고 결혼을 생각해 본 적이 없었다.

그러나 서른셋이 되면서 결혼을 생각하기 시작했다. 내가 원하는 여자를 주실 것을 간절히 간구했고 불안해했다. 내 운이 이것으로 끝나는 것인가에 대한 불안이 컸다.

한번은 대구에 갔다가 자정 무렵에 팔공산에 구두를 신은 채로 정상에 올라가 돌부처님께 애원한 적도 있었다.

내가 생각하고 있는 그런 여자를 보내 달라고… 그리고 내가 끝까지 지니고 있던 와이프의 세 가지 조건을 포기하지 않으면 안 될 거라고 절망하고 있을 때 아내를 만났다.

내가 있던 형 사무실에 막 입사했던 여직원이었다. 그녀를 보고도 한동안 무심코 지나치다 어느 날 내 책상에 우편물을 주고 가는 그녀의 뒷모습을 보면서 뭔지 모를 전율을 느꼈다. 마치 나를 잡으러 하늘에서 보낸 사자 같은 느낌이랄까….

그리고 어느 날 집을 우연히 바라다 주다가 셋째 딸이고 대학교 때 안 해본 아르바이트가 없단 사실을 알게 되었다. 그리고 두 번째 만남에서 차마 묻지 못하다 교회에서 피아노 반주를 했다는 말을 듣고 난 주저 없이 청혼을 했다. 더 이상 아무것도 원하면 안 되었다. 고등학교 때부터 생각했던 셋째 딸, 피아노, 아르바이트…. 그리고 난 결혼했고 너무 많은 것을 그녀에게 받고 있다.

그녀를 만나며 이런 시도 보냈다.

언제나 좋은 그녀

그렇지 않음을 단호히 말하는 그녀가 좋고
누이 같은 말투로 다정히 감싸주는 그녀가 좋고
내색하지 않으며 상대를 배려해주는 그녀가 좋고
자신과 남의 슬픔에 깊은 눈길을 간직한 그녀가 좋다

어린아이처럼 칭얼대고 애교 피는 그녀가 좋고

작은 일에 감사하고 행복해하는 그녀가 좋고
삐졌다가도 금방 헤헤거리는 그녀가 좋고
눈을 크게 뜨고 아무것도 모름을 보여주는 그녀가 좋다.

책을 읽으며 사랑을 준비하는 그녀가 좋고
살며시 손을 모으고 기도하는 그녀가 좋고
사랑에 순서를 기다릴 줄 아는 그녀가 좋고
키스를 하다 들켜도 너무나 침착한 그녀가 좋다

서로의 단점을 놀리며 웃을 수 있는 그녀가 좋고
같이 있으면 내가 청산유수가 될 수 있는 그녀가 좋고
말다툼을 했어도 내가 옆에 있기를 원하는 그녀가 좋고
매일 보아도 언제나 새롭게 다가오는 그녀가 나는 좋다.

2. 결혼이란

불타는 열정과 사랑보다는 이 여자란 운명 같은 느낌으로 결혼을 했다. 교회 목사님이 그랬다. 내 부족함을 채워주는 것이 아내이자 남편이라고….

결혼을 하고 나는 신의 존재를 더욱 확신하게 되었다. 그러나 이런 만남과 결혼을 했어도 부부싸움을 가끔 한다.

2006년 6월 월드컵경기로 떠들썩했던 그 기간 우린 전쟁을 치루고 있었다. 와이프는 사흘을 집에 들어오지 않았고 와이프가 집에 들어오던 날 밤 나는 집을 나가버렸다.

그 날은 공교롭게도 결혼 5주년 되는 날이기도 했다. 사우나에서 출근을 하다 우여곡절 끝에 화해를 하고 일요일 날 예배를 보고 돌아오다 일이 터지고 말았다.

앙금이 남았던지 실랑이를 하다 놀이터에 와이프와 아이들을 내버려두고 집으로 들어갔다. 잠시 누워 기다리다 혹시나 하는 마음에 창밖을 내려다보았다. 역시 아무도 보이지 않았다. 나를 두고 어디론가 가버린 것이었다. 순간 나는 돌아 버렸다. 아무 일도 아니었는데 나는 미쳐버렸다. 그렇게 어렵게 화해를 하고 교회까지 갔다 왔는데 나를 무시한다는 생각이 들기 시작했고 무언가를 보여줘야 한다는 생각이 나를 지배하기 시작했다.

사라져 버린 줄 알았던 꼭꼭 숨어있던 파괴 본능이 꿈틀 되기 시작했다. 먼저 리모컨이 손에 들어왔다. TV 브라운관을 향해 던진 후부터는 기억이 잘 나지 않는다. 액자고 시계고 손에 잡히는 대로 집어 던지기 시작했다. 온통 마루에 유리조각들이 수북이 쌓이기 시작했고 유리조각에 발을 몇 군데 비면서 피가 나기 시작해서야 내 폭동은 멈췄다.

숨을 헐떡이며 방으로 기어와 누웠다. 이게 아닌데 하는 생각과 와이프가 빨리 와야 하는데 하는 생각을 희미하게 하며 눈을 감고 누워있었다. 손이 떨리고 숨이 차왔다.

시간이 한참이 지나서야 정신을 차리기 시작했고 일어나 거실로 나오니 이건 아니구나 싶었다. 신발을 신고 청소를 하기 시작했다. 아이들이 보면 안 될 것 같았다. 치워도 치워도 구석구석 유리파편들이 박혀 있었다. 보란 듯이 핏자국은 남겨두고 현관을 나와 엘리베이터 앞에 서는

데 문이 열리면서 환한 와이프 얼굴과 아이들이 보인다.

순간 목 메인 목소리로 유리 조심하라며 엘리베이터에 올랐다. 그날 저녁 친구를 만나 술을 마시며 나는 이런 말을 했다.

"다른 건 몰라도 내 자존심이 상하는 것은 못 참겠다고…."

그러자 그 친구 하는 말.

"똥구멍 빨아주는 사이에 무슨 자존심이 있냐…."

이말 한마디에 나는 와이프에게 전화를 걸어 백기투항을 고했다. 이날 사건 이후로는 별로 싸울 일이 없어진 것 같다. 큰 싸움은 결국 자존심에 관한 문제로 치달았을 때인 것 같은데 이제 적어도 와이프에게는 내 자존심을 버리려고 애쓴다.

그러나 이날의 사건으로 TV 아래가 훈장처럼 깨져있어 한동안 볼 때마다 가슴이 쓰리고 손님이 오면 신경이 쓰였다. 이사를 오면서 처형 집에 TV를 주고 왔는데 가끔 놀러 가면 깨진 아랫부분을 예쁜 엽서로 가려놓고 있어 민망해지기도 한다.

부부싸움을 하다가 아내의 단점이 크게 보이거나 너무 미워질 때는 이런 생각을 해본다. 신은 나와 똑같은 사람을 보내 주었다. 내가 저 사람과 엮였다면 나도 저런 사람일 수 있고 내가 그 사람을 만났다면 나도 그런 사람일수 있다고…. 아니 내가 그런 사람이기에 그 사람을 찾을 수 있었다고 말이다. 모든 것은 나로 인한 것이라고….

결혼에 대한 이런 시를 써보기도 했다.

결혼

사랑해서 결혼했는지
운명이라 결혼했는지

좋아서 살고 있는지
태어나서 살고 있는지

마음을 느끼고 있는지
몸뚱이를 느끼고 있는지

내 아이가 태어났는지
네 아이가 태어났는지

사랑해서 결혼하는지
결혼해서 사랑하는지

3. 가족이란

결혼이란 것이 하고 싶었을 적에 내 가족에 대한 깊은 그리움이 찾아왔다. 형들은 아버님이 둘 다 25살에 결혼을 시켰다.

제대 후 아버님이 돌아가시고 어머니와 둘이 지내다 보니 명절 때가 되면 처갓집으로 가버리는 형들을 보면서 내 가족에 대한 그리움이 생겼던 것 같다. 그리고 언제부터인가 잠자리에 누우면 혼자라는 외로움이 파고들었다. 이런 경험을 하고 늦게 결혼을 해서 인지 와이프는 물론 장인, 장모님, 처형들까지도 내겐 너무 큰 선물로 다가온다. 그야말로 천군만마를 얻은 듯한 기분이 들곤 한다.

그러나 가족은 내가 너무 가까이서 보아서인지 언제나 완전치 못한 구성원인 경우가 많다. 그래서 나는 형들을 비난하기도 하고 어머님을 탓하기도 한다.

부동산을 하면서 배운 것은 사람은 모두 제각각이란 사실이다. 내 기준으로 보아서는 모두가 정신병자일 수밖에 없다. 서로에 색깔이 틀리고 인생이 다른 것이지 그 누구도 다른 이의 모습에 잘잘못을 말할 수 없다는 것을 조금이나마 깨닫게 되었다.

그리고 우리가족이기에 부족한 모습이 크게 보일뿐이지 극히 평범한 사람들이란 사실이다. 하물며 우리 가족인 것이다.

고등학교 때는 밥 먹다 말고 어머니가 된장찌개에 퐁퐁 세제를 타서 나를 주고 있다고 말할 만큼 나는 정서적으로 불안했다. 나는 할머니, 할아버지, 두형과 부모님의 사랑을 받고 자랐겠지만 어머니의 손길을 느껴본 적이 없다는 원망을 하였다.

사실 돌이 지난 이후로 나는 어머니 품에서 잠을 자본 기억이 없다. 어머니도 젖 때고는 바로 나를 할머니에게 맡겨 놓으셨다고 한다. 아직도 내 머리 속에는 이런 기억이 생생이 남아 있다. 배가 고파서 울던 어느 날 할머니가 젖을 물렸던 것 같고 나는 젖을 빨다가 고개를 돌렸다. 그때가 몇 살인지는 몰라도 그 순간의 뭔지 모를 아픔과 배신감이 잊히질 않는다. 그래서 그랬는지 아니면 내가 못되어서 그랬는지 나는 부모님을 원망하기 시작했다.

그러나 어느 날인가 어머님이 외할머니에게 하는 모습을 보고 조금 의아하게 생각하기도 했다. 어머니는 넷째 딸이다. 아래로 남동생인 외삼촌이 두 분 계시다. 외할머니는 우리 어머니를 낳고 또 딸이란 사실이 너무 화가 나서 바로 나가 겨울에 물을 길어 빨래를 하셨다고 들었다. 시골에서 그런 대접을 받고 크신 어머니가 어떻게 외할머니께 저렇게 잘할 수 있을까 이상해했다.

그리고 20대를 지나면서 조금씩 주위를 둘러보면서 이것 역시 나의 문제임을 깨닫기 시작했고 그 오해와 원망도 차츰 사라지기 시작했다.

아내, 두 딸아이, 두형과 어머님, 장인장모님, 처형들, 형수들, 조카들… 내 가족에 전부다. 어찌됐든 언제나 내편에 서서 함께 기뻐하고 슬퍼할 수 있는 유일한 사람들이다. 어쩌면 이 작은 몸뚱어리의 존재감을 가져다주는 내 생명과도 같은 또 다른 생명체일 것이다. 내 존재의 이유와 행복의 근원이 되어주는 소중한 사람들….

아무것도 아닌 내가 그토록 위대해질 수 있도록 해주는 몇 안 되는 구성원들인 것이다. 이들에게 무엇인가를 주기위해 나는 움직이는 것이다.

4. 돈이란

우리는 돈을 벌려고 한다. 여러 가지 이유로 우리는 돈을 벌려고 한다. 그런데 돈을 벌려고 눈앞의 돈을 잡는 사람들은 대부분 돈을 잃는다. 돈은 물과 같기도 한 것 같다. 잡으려고 움켜쥐면 흩어져 버리고 작은 구멍만 있어도 시간이 흐르면 다 빠져 나간다.

길목을 지키고 준비를 하고 미리 가서 기다려야 한다. 억지로 모으려 한다고 모아지지 않고 흘러 들어와야 한다. 돈은 어쩌면 사람과도 같다. 낮은 곳으로 사람도 모이고 돈도 모인다. 성공한 사람일수록, 주인일수록 그 눈빛은 아래로 향한다. 그 겸손한 눈빛으로 많은 사람을 모이게 한다. 겸손한 사람에게 사람이 모이듯 명당자리란 사람이 모이는 자리일 것이다.

우리는 명당자리를 찾는다. 소위 말하는 기가 모이는 명당자리에서 부자가 난다고 한다. 배산임수지역… 그 기란 아마도 사람일 것이다. 사람이 살기 좋은 지역, 모일 수밖에 없는 곳에서 부자가 나는 것이 아닌가 싶다.

사람도 마찬가지일 것이다. 사람이 모일 수 있는 넓고 낮은 성품을 지닌 자에게 사람이 모이고 돈이 따라오기도 한다. 그리고 그 사람들에게 기쁨을 줄 수 있는 사람이 진정으로 성공한 사람이 될 수 있을 것이다.

부동산을 하다 보니 동네가게를 다녀보면 누구나처럼 알게 되는 것이 있다. 몇 번 가보면 그 집이 번창할 집인지 아닌지가 틀리지 않게 예상이 된다. 내가 지불한 돈이 아깝지 않은 집이 있기도 하고 그렇지 못한 집이 있다. 그 느낌은 얼마가지 않아 결과로 이어진다.

나에게 기쁨을 주는 집은 번창하게 되고 그렇지 못한 집은 얼마 후 부동산을 찾아와 가게를 내놓게 된다. 사람들은 너무나 정확하여 내가 지불한 돈과 받은 서비스를 정확히 가늠해 보고 다음번 행동을 결정 짓게 된다. 연예인이라면 분명 잘나가는 연예인은 우리가 보면서 즐거워할 수 있는 사람일 것이다.

우리는 어떤 사람을 보면서 즐거워하고 있나. 아마도 나를 공격하거나 비난하지 않고 왠지 나를 좋아할 것 같은 그런 따뜻하고 겸손한 사람을 좋아할 것이다.

스포츠 스타 또한 마찬가지 일 것이다. 우리에게 무엇인가 꿈과 희망을 주던지 기쁨을 주는 사람은 엄청난 부를 누리게 된다.

그렇다면 어떻게 하면 그런 돈을 버는 사람이 될 수 있을까? 결국엔 남에게 즐거움을 주는 사람이 성공하는 것이 아닌가. 나로 인하여 다른 사람이 즐겁기 위해서는 나는 무엇을 해야 하는가. 다른 이에게 무엇인가를 줄 수 있어야 될 것이다.

사랑을 주든지 돈을 주든지 희망을 주든지…. 그러기 위해서 나는 지금 무엇을 해야 하고 무엇을 준비해야 하는지를 고민해야 할 것이다.

5. 행복이란

우리가 돈을 벌려고 하는 것은 남보다 더 행복해지려고 하기 때문이다. 그렇다면 행복은 무엇이고 우린 언제 진정한 행복을 느끼는 것일까?

고등학교 때 나는 행복은 이런 것일 거라고 정의를 내렸다. 일상에서 더 못한 어려움 속에 있다가 다시 일상으로 돌아오는 순간에 사람들은 행복을 느끼는 것이라고. 힘겨운 여행을 마치고 집으로 돌아올 때… 군인이 휴가 나올 때… 아무튼 행복이란 지금의 일상에서 더 나아지는 어떤 순간이 아닐 것이라는 생각을 했다.

그러나 얼마 전부터는 행복은 바로 그냥 이 순간일거라는 생각을 하게 되었다. 그래서 요즘은 잠자리에 누워 와이프에게 이렇게 말하곤 한다.

"아, 행복해. 앞으로도 지금보다 더 행복한 순간은 많지 않을 거야…. 이 정도면 세상에서 우리보다 행복한 사람도 많지 않을 걸…."

매달 생활비가 모자라고 카드 값과 대출이자에 힘겨운 일상이지만 그래도 나는 감히 그 누구보다도 행복하다고 말하고 싶다. 지금 행복할 수 없다면 영원히 행복할 수 없다는 절박함으로 오늘에 일상이 내 삶의 최고의 순간인 양 떠벌이며 살고 싶다. 그리고 지금 감사할 수 없다면 영원히 그렇게 살 수밖에 없다는 각오로 오늘을 감사하며 살고 싶다.

주식을 할 때는 이런 감정을 느낀 적도 있었다. 주식을 해서 2억 원 가량을 몇 개월 사이에 벌고도 나는 아무런 행복감을 느끼지 못했다. 그리고 그 돈도 너무 적다는 느낌을 받았고 오히려 맘이 공허해지는 기분마저 들곤 했다. 그러던 어느 날 어머님께 그 사실을 알렸는데 그 말을 듣던 어머님의 눈빛을 바라보며 그 어떤 기쁨이 전해오는 것을 느낄 수 있었다.

결국에 내가 사랑하는 사람들을 즐겁게 할 때 찾아오는 것이 나의 진정한 행복이 아닌가하는 생각을 해본다. 저마다 행복을 찾아 정상을 향해 오르고 있다. 그러나 우리가 찾고 있는 그 산봉우리는 행복의 봉오리는 아닌지도 모른다. 다만 내가 그곳에 가서 다른 사람들에게 무엇인가를 줄 수 있을 때 행복이란 것이 오지 않나 싶다.

정상에 오른 것을 기뻐하는 주위사람들을 보거나 나를 통해 희망과 꿈을 찾는 사람들을 보면서 우린 행복해 질 수 있을 것이다.

아니면 정상에서 할 수 있는 일을 통해서 우린 사람들에게 무엇인가를 줄 수 있을지도 모른다. 사람마다의 정상이 다르듯 행복도 다를 수 있을 것이다. 그래도 주위를 둘러보면 남을 행복하게 하는 사람의 모습이 가장 행복해 보인다. 행복한 사람들은 아마도 타인을 행복하게 해주는 사람들이 아닌가 생각해 본다.

아내를 행복하게 해주는 남편, 아이들을 행복하게 해주는 부모, 부모를 행복하게 해주는 자녀, 친구를 행복하게 해주는 친구, 이웃을 행복하게 해주는 이웃, 사회를 행복하게 해주는 사람….

자신만의 행복을 좇다 보면 우린 결국 불행해지는 경우가 많다. 나 자신의 행복을 위해 일탈을 기도하고, 눈앞의 쾌락을 좇고, 남을 속이고, 범죄를 저지르기도 한다. 분명히 자신은 자신의 행복을 위해 최선을 다했지만 그러면 그럴수록 진정한 행복과는 거리가 멀어지게 됨을 경험하게 된다.

남을 행복하게 하려 할 때 비로소 우리는 행복에 더 가까이 다가서게 된다. 결국은 사람과 사람 사이에서 우리는 진정한 행복을 찾을 수 있다고 말할 수 있을 것이다.

행복은 내 마음에 달려 있다고 하지만 내 마음 또한 내 주위의 사람들과의 관계에 달려 있다는 생각이 든다. 우리에 가장 큰 불행과 고통이 사람에게서 받는 상처라 생각해 보면 우리에 행복도 사람에게서 온다는 가정이 틀린 것만은 아닐 것이다. 행복을 찾는 마음으로 사람을 대하고 찾는 다면 좀 더 행복한 삶이 될 것이란 생각도 든다.

무엇인가를 찾아 해매이며 이런 시를 써보기도 했다.

마음 가는 대로

마음 가는 대로
당신이 이끄는 대로

발길 닿는 대로
바람 부는 대로

내 몸 가는 대로
강물 흐르는 대로

가고픈 대로
가자는 대로

그냥 그렇게
마냥 그렇게

6. 시간이란

나는 거리를 다니다 공사현장을 보면 왠지 부러워지고 조금은 나 자신에게 미안 해 진다. 땅을 파고 기초를 세울 때 보면 너무나 엉성하고 초라해 보여 저렇게 해서 제대로 건물이 올라갈까 해도 시간만 지나면 보란 듯이 쑥쑥 올라간다.

결국엔 근사한 빌딩이 되거나 아니면 멋진 아파트단지가 되어 있는 것을 보면서 부러워한다. 그리고 그동안 아무것도 하지 않고 아무런 변화가 없는 자신을 돌아보면서 미안해 한다.

무엇인가를 벌리고 뭔가를 하고 있는 사람들을 나는 부러워한다. 그 사람들은 시간을 자기편으로 만들고 있는 사람들이라 생각하기 때문이다. 시간을 자기편으로 만드는 사람들은 지금 이 순간을 인내하고 있는 사람들일 것이다. 빌딩을 짓기 위해 부지를 선정하고 설계를 하고 기초를 파고 준공에 이르기까지 얼마나 많은 난관을 극복했을까를 생각해 보면 말이다.

지금 내가 긴장하고 있다면 나는 지금 무엇인가를 하고 있는 것이다. 그 과정 속에 있다면 지금 나는 돈을 벌고 있던지, 실력을 쌓고 있던지, 경험을 늘리고 있다고 말할 수 있을 것이다. 그리고 적어도 시간을 낭비하여 시간을 적으로 만들고 있지는 않을 것이다.

시간을 내편이 아닌 적으로 만들 때 우리는 인생에 성공과 행복과는 거리가 멀어지는 인생을 살게 된다. 시간을 적으로 만드는 일은 스트레스를 피해 아무것도 하지 않거나 눈앞의 쾌락을 좇아 미래의 행복을 앞당겨 쓰는 행동들을 말할 수 있을 것이다.

시간을 내편으로 만들 수만 있다면 우리는 기다리기만 하면 된다. 시간만큼 정확하고 공평한 것은 없기 때문이다. 시간이 공평하기에 인생이 공평한지도 모른다. 시간을 통해서 신은 인간을 자신의 자리에 가져다 놓고 일시적인 오류를 치료하기도 한다.

시간은 어쩌면 신이 인간을 조율하기 위해 만든 유일한 무기인지도 모른다. 그래서 인간은 시간을 통해 신을 만나게 되고 그 앞에 고개 숙이고 무릎 꿇고 기도하게 된다.

누군가도 말했다. 시간은 신의 다른 이름이라고. 나이가 먹어 갈수록 내 능력보다는 시간의 힘을 믿게 되고 내 계산 보다는 정해진 신의 시계를 경험하게 된다. 지금 내 주위에서 나를 키워주고 있는 많은 사람들은 이미 정해진 시간의 틀 안에서 나에게 손짓하고 있는지도 모른다.

그렇다면 시간을 경외하듯이 나에게 다가오는 많은 인연들을 소중히 다뤄야 한다는 생각도 하게 된다. 신을 내편으로 만들 수 있다면 우린 두려울 것도 불행할 이유도 없을 것이다.

신을 내편으로 만드는 가장 확실한 방법은 그렇다면 시간을 내편으로 만드는 일 일 것이다. 신을 믿듯이 시간의 힘을 믿는다면 결국 신의 축복을 받게 될 것이다.

지나쳐 버리는 시간을 생각하며 이런 메모를 하기도 했다.

나는 작은 조약돌
물은 끊임없이 흘러온다.
잡을 수도 머물 수도 없는 흐름
다만 부딪혀 온 그 순간
성실한 만남이 있을 뿐.
단지 지나치려는 그 순간
각고의 실천이 있을 뿐.

7. 성공이란

우리는 성공을 위해 달린다. 나도 지금 성공을 위해 달려가고 있다. 어디까지 가야 나는 성공했다 말할 수 있고 성공했다 평가 받을 수 있을 것인가? 지금 이 순간 내가 행복하다고 말할 수 있지만 내가 성공했다고는 할 수 없다.

왜냐하면 성공이란 아마도 객관적이 평가가 더 큰 비중을 차지하고 있기 때문인지도 모른다. 성공을 통해 우린 행복을 찾을 수도 있지만 행복하다고 모두 성공했다고는 말할 수는 없을 것이다.

그래서 우린 지금의 행복을 뒤로 미룬 채 성공을 위해 시간을 인내하기도 하고 때론 성공을 위해 고통을 참고 이겨내는 것조차도 행복하다고 말하기도 한다. 어떤 이는 자신과 가족의 행복을 뒤로한 채 오직 성공만을 향해 달려가는 경우도 있다.

사람마다 이루고자 하는 꿈이 다르기에 저마다 생각하는 성공의 기준도 다를 것이다.

나의 기준은 이렇다. 나는 먼저 내 육체에서 성공하는 것이다. 누구에게나 그렇듯이 건강이 제일이다. 건강한 육체를 만드는 일에서 나는 성공하고 싶다.

두 번째는 내 정신에서 성공하는 것이다. 내 나름대로의 삶의 철학과 가치관을 정립해 가며 살고 싶다. 자신만의 기준을 세우지 못하면 자칫 성공과 행복을 찾아 해매이게 될지도 모를 일이다.

세 번째는 남편으로서 성공하는 것이다. 내 아내에게 최고의 남편으로 인정받고 싶다. 이것은 내가 바라는 가장 큰 성공이기도 하다.

네 번째는 아빠로서 성공하는 것이다. 아이들에게 자랑스러운 아빠의 모습이 되고 싶다. 적어도 아빠로서 부끄럽지 않은 모습이 되고자 한다. 그런 연후에 내가 하고 있는 일에서 성공하고 싶다.

나아가 이 사회에서 성공하고 싶다. 이렇게 자기 자신과의 싸움에서 승리하고 가족에게서 성공하고 자신의 꿈을 이룬 사람이 되는 것이 내 성공의 기준이다.

돈이 많고 사회적 지위가 높아도 가족에게서 외면당하고 사회에 아무런 공헌을 할 수 없다면 감히 인생에서 성공했다고 말하기는 어려울 것이다. 가장 가까운 사람들에게서 인정받지 못하고 사회로부터 따뜻한 시선을 받을 수 없다면 성공했다고 외친다하여도 공허한 메아리에 불과할 것이다.

그리고 적어도 나는 그런 사람들은 부러워하지 않기 때문인지도 모른다. 아무리 돈이 많고 지위가 높아도 전혀 내 부러움에 대상이 아닌 사람들이 있다. 그들은 아마도 자신은 성공했다고 스스로 떠들고 다녀야 하는 안타까운 사람들일 것이다.

나는 나를 열등하게 만드는 그런 사람들의 모습이 되고 싶다. 돈과 지위를 떠나 누가 보아도 성공한 모습을 하는 사람들의 모습이 있다. 그들은 일정한 자신의 분야에서 자신의 영역을 구축하고 주위에 좋은 사람들과 함께 살아가며 행복한 가정을 꾸려 나가는 사람들이다.

삶에서 누릴 수 있는 다양한 경험도 해보고 가족과 이웃을 통해 진한 사랑을 주고받는 따뜻한 사람들의 모습이다. 열심히 일하고 땀 흘리고 소중히 모은 돈을 값어치 있게 쓸 줄 아는 그런 사람의 모습이 되고 싶다.

내가 생각하는 성공은 이렇듯 막연하며 거창하다. 성공을 향한 희망에 불빛은 흐릿해도 지금 나에게서 성공하고 내 자리에서 성공해 나간다면 그것이 성공한 인생으로 가는 길이라 생각해 본다.

정답은 없다

정답은 없다.
다만 방식이 있을 뿐.

정답은 없다.

다만 방향이 다를 뿐.

정답은 없다.
다만 색깔이 있을 뿐.

정답은 없다.
다만 소리가 다를 뿐.

다른 방식에 대한 미련도
가지 않은 방향에 대한 아쉬움도
내 색깔이 아닌 것에 대한 미움도
다른 소리에 대한 원망도

정답은 없다.
다만 보기가 있을 뿐.

3부

1. 도박 이야기

나는 어지간히 도박을 좋아했다. 대학교 때부터 친구들과 조금씩 하기 시작하여 직장생활을 하면서는 동료들과 자주했다. 항상 승률이 좋았던 터라 형과 사업을 하면서는 본격적으로 하기 시작했다.

처음엔 당구장, 카센터, 안마시술소등을 전전하다가 자연스럽게 하우스를 다니게 되었다. 도박을 하다 경찰에 걸린 적도 여러 번 있었고 즉결심판을 받은 적도 있었다.

사업을 하는 2년여 동안 거의 매일 하다시피 도박을 하러 다녔고 맞선을 보는 자리에서도 도박하는 사실을 자랑스레 얘기했다. 내 스스로 사업에 지장을 주지 않는 범위에서 즐기고 있다고 믿었고 돈도 따고 있으니 떳떳하지 못할 이유가 없었다. 그리고 남에게 말하지 못할 일은 하지 않는다는 묘한 오기도 있었다. 아마도 남들이 보기에 내 모습은 도박에 빠져 있는 모습이었을 것이다. 그러나 나는 즐기고 있었기에 돈을 딸 수 있다 믿었다.

이때는 이미 형 사업이 기울기 시작했고 IMF가 터지자 매달 엄청난 대출이자가 목을 조여오고 있을 때였다. 핑계 같지만 매달 닥치는 엄청난 이자에 대한 스트레스를 잊을 수도 있었고 무너져가는 집안을 바라보는 고통을 잠시라도 잊고 있을 수 있어서 좋았다.

처음에는 형 사무실 아래에 있는 당구장에서 시작했다. 퇴근 후 주변에 동네 분들과 장난삼아 하게 되었다. 그러나 시간이 지나자 여기저기서 도박꾼들이 모여들기 시작했고 얼마가지 않아 동네 분들은 아무도 남아있지 않았다.

이렇게 당구장의 도박판은 빠다리가 나면서 나는 도박꾼들을 따라 카센터나 안마시술소의 도박판을 따라 다니게 되었다. 그러다가 자연스럽게 이곳저곳의 하우스를 소개받기 시작했다.

일단 나는 취직이 잘되었다. 얼굴도 곱상하고 나이도 어려 직장인이라고 하면 대부분 환영을 해주었고 카드 샤프질이나 레이스도 도박꾼처럼 하지 않았다. 조용히 하다가 아침이 되면 출근해야 한다며 예의를 갖추고 순진한 직장인의 모습으로 사라지곤 했다.

도박도 도박이었지만 나는 거기서 만나는 새로운 사람들을 재미있어했고 혼자 다니는 내 모습도 자랑스러워했다. 그리고 어쩌다 꽁지와 차 한대로 올라타고 미지의 현장으로 향할 때면 마치 내가 무슨 훌륭한 일을 하러가는 전사의 느낌마저 들곤 했다.

그렇게 2년이 다되어가던 어느 날 강남역 근처 한 하우스에서 제법 큰판이 벌어졌다. 그 당시 나는 어느 정도 게임에는 자신이 있던 터라 부르는 곳은 마다하지 않고 혼자 날라 다녔다. 나를 데려간 사람도 하우스에서 한번 본 선수였으나 판이 크다고 하여 아무생각 없이 가게 되었다.

멤버는 말을 타는 기수 한명과 다리를 저는 하우스 주인, 왕년 강원도 일빠따라는 사람과 나를 데려간 선수, 나 총 5명이였다.

그날도 나름대로 재미있게 잘하면서 아침이 되어가자 나와 나를 데려간 선수가 이기고 있었다. 작은 체구의 기수는 판이 막바지에 이르자 두 번째 오링이 되었고 나가서 한참 뒤에야 다시 수표를 수북이 들고 들어왔다. 그리고 바로 뒤따라서 재떨이 하는 여자가 쫓아 들어와 커피를 돌리면서 농담을 거는 어수선한 사이에 나는 카드 세 장을 받았다.

세장이 모두 킹이었고 킹 한 장을 내려놓았다. 4구 카드를 돌렸는데 바로 또 킹이 떨어지면서 4구 킹 포커가 되었다. 돈을 따고 있었고 시간도 다되었기 때문에 무리할 이유가 없었지만 이번엔 달랐다. 난생 처음 잡어 보는 최고의 카드였기에 상대를 달고 가는 것만이 문제였다. 그런데 5구째 내가 레이스를 하자 기수는 역 레이스를 하기 시작했고 나는 기쁨을 감춘 채 6구까지 끌고 가서 올인을 했다.

상대는 4구째 에이스 한 장을 받은 상황이라 에이스 봉인 것이 분명했고 상대가 히든에 또 에이스를 뜨지만 않는다면 내가 질 확률은 제로라 볼 수 있는 상황이었다. 히든을 보지도 않고 카드를 오픈하며 킹

2. 주식 이야기

IBG에 들어가 2년쯤 되어서 도박을 끊었을 즈음에 형은 주식을 하고 있었고 얼마 안 있어 나도 따라 하기 시작했다. 처음엔 형에게 그나마 있는 돈 날리지 말고 주식은 쳐다보지도 말라고 야단법석을 떨었다. 그러던 나는 도박을 끊게 되자 무언가 관심을 다른 곳으로 돌려 보고자 주식을 하게 되었다.

그 당시는 IMF 이후 주가가 500포인트에서 1000포인트까지 급등할 때였고 나는 700포인트 정도가 되어서 주식을 하기 시작했다. 주식에 주자도 모르면서 가지고 있던 돈을 몽땅 가지고 증권회사를 찾아갔다.

문에 오늘이 아니면 팔수 있을 기회가 없을 것 같아 그냥 모두 팔아버렸다.

증권회사도 생각지도 않게 들어가게 되었다. 1종투상 시험을 준비하는 과정에서 교대역 근처에 있던 학원을 다녔다. 그런데 시험이 끝나고 학원에서 연락이 왔다. 그 학원 원장이 강남역에 새로 생기는 교보증권의 지점장으로 가게 되었으니 같이 가서 투자상담사를 하라는 것이었다. 나에게 운용 가능 액을 적어 내라고 해서 나는 그 당시 내 돈 2억 원과 삼성전자를 팔아서 번 돈 2억 원을 합쳐서 4억 원 정도를 써냈다.

1999년 12월, 벤처 바람과 코스닥 열풍이 불고 있을 때 나는 증권회사에 입사했다. 그리고 며칠 후 코스피 지수는 1000포인트를 돌파하며 나의 막차입성을 축하하는 듯 기염을 토해내기 시작했다. 객장과 트레이닝 룸에는 항상 사람들로 붐볐고 같이 입사했던 10여 명의 투장상담사들의 눈에는 활기와 희망이 넘쳤다.

그러나 그때가 화려한 잔치의 마지막 불꽃놀이였다는 사실을 눈치채는 사람은 아무도 없었다. 그렇게 1년 정도가 지나자 주식만 거래했던 내 잔고는 반토막이 되어 있었고 입사동기들은 모두 퇴사를 하고 두 명만이 남아있었다. 손님들도 6개월가량이 지나면 자연스럽게 물갈이가 되어 갔고 1년이 넘게 시간이 흐르자 트레이닝 룸에는 거의 아무도 남아있지 않았다.

퇴근 후에는 수원대 금융공학대학원에 나가 위험관리 석사과정을 수료했다. 워낙에 머리가 나쁜지라 2년 동안 다니면서도 무엇을 배웠는지 아무것도 기억에 남는 것이 없었다. 그런데도 조금은 뻔뻔스럽게 남들은 쓰지도 않는 졸업논문을 써서 제출하기도 했다.

논문내용은 다소 엉뚱하기도 하고 수준미달이었는지도 모른다. 주식에서 여러 종목에 분산투자하는 소위 말하는 포트폴리오 투자는 더 위험을 가중한다는 내용이었다. 여러 종목에 확신 없는 투자를 하면 탐욕과 공포가 배가 되어 매매횟수가 많아지게 되고 수익률은 떨어질 수밖에 없다는 논리였다. 나는 지금도 그 생각엔 변함이 없다. 수학적으로 논리적으로는 틀릴지 모르지만 경험적으로는 그랬다.

우리 큰형은 IMF이후 700포인트에서 삼성전자를 비롯한 여러 종목에 분산투자를 하며 주식을 시작했다. 주가지수는 결국 1000포인트가 되었고 형이 투자했던 주식들도 대부분 올랐으나 어찌된 일인지 형의 계좌는 마이너스였다. 그리고 1년 정도가 지나고 주가가 하락하자 형은 그나마 남아 있던 모든 돈을 주식으로 몽땅 날리게 되었다.

주가가 올라도 인간의 본성이 바뀌지 않는 한 결국에 승자로 남기는 어려운 시장임에는 틀림없다. 우량종목에 장기투자하며 매매횟수가 많지 않은 경우는 수익을 낼 수도 있을 것이다. 삼성전자의 지금가격은 내가 팔고 나온 8년 전 가격에 비하여 또다시 두 배 가량이 되어있다. 이렇게 우량한 종목에 장기투자를 하면 큰 수익을 낼 수도 있겠지만 나는 꼭 그렇게 만은 보지 않는다.

8년 동안 그 돈을 주식에 묻어두고 한 번도 거래를 하지 않고 있을 수도 없는 노릇이고 언제든지 인출이 가능하니 필요할 때마도 찔끔찔끔 빼 쓰기도 했을 것이다. 가격이 오르면 돈 벌었다고 기분을 낼 때도 있었을 것이고 가격이 계속 떨어지면 참다못해 손절매를 하기도 했을 것이다. 또한 그 기간 동안의 정신적 비용과 기회비용까지 감안한다면 그렇게 성공적인 투자였다고만은 보기 어렵다.

결과론적이긴 하지만 차라리 그 당시에 아파트를 사거나 땅을 샀다면 적어도 3배 이상의 무위험에 가까운 수익을 내고 있을 것이다. 또한 부동산을 지렛대로 대출을 받거나 전세를 안고 샀다면 그 이상의 수익도 가능했을 것이다.

주가지수가 올랐다고 하나 화폐가치가 떨어져 있는 사실을 감안하면 그리 오른 것도 아니다. 꼭 부동산이 아니더라도 돈은 자신을 쉽게 쓸 수 없게 묶어두고 자신을 멀리 숨겨준 사람에게 감사의 미소를 짓게 된다. 그것은 돈을 모으려면 버는 것 보다는 쓰지 않는 것이 중요하다는 것과 같은 맥락일 것이다.

그리고 시간이 지나면 십 원이 일 원짜리가 되고 십만 원권 수표가 만 원짜리 현찰처럼 쓰이게 될 것이다. 이처럼 화폐의 총량은 늘어나고 가치는 하락할 수밖에 없다면 화폐는 어쩌면 시간을 적으로 상대하고 있는 도구인지도 모른다. 이런 관점에서 본다면 부동산과 같은 실물자산은 시간을 내편으로 만드는 투자라는 것은 명확해 진다.

우리 주위에 보면 예나 지금이나 주식을 해서 돈 벌었다는 사람은 없고 잃었다는 사람들이 대부분이다. 그런데 부동산은 그 당시에는 잘못 샀다고 하던 사람들조차도 시간이 흐르고 나면 손해 보는 경우가 드문 것 같다.

그래서 우리나라의 큰 부자들이나 동네의 작은 부자들도 대부분 부동산 부자인 경우가 많다. 아무리 열심히 장사를 해서 돈을 모아도 부동산을 통해 임대수입을 올리며 또 한편으론 부동산가격 상승으로 인플레이션을 헤지 해 가는 사람들을 따라잡기란 쉬운 일이 아닐 것이다.

역사는 반복된다. 인간의 본성은 바뀌지 않는다. 우리가 알고 있는 주식투자로 성공한 몇 안 되는 부자들은 부동산이나 사업으로 부자가 된 사람들에 비하면 그 확률이 너무 적은 것이다. 모든 게임엔 승자가 있다. 다단계를 하더라도 성공하는 사람이 있고 도박을 해도 이기는 사람이 있다. 다만 그 확률의 문제이고 선택의 문제일 것이다.

3. 선물·옵션 이야기

증권회사에 입사한지 1년이 지난 후에 내 계좌에는 2억 원이 좀 못되는 돈이 남아 있었다. 이즈음에 일 년 전에 강남세무서장과 약속한 8천만 원가량을 낼 것인가를 고민하고 있었다. 돈을 좀 불린 다음에 내야 한다는 욕심과 체납자로는 살수 없을 것 같다는 소심함이 갈등을 하고 있었다.

며칠 동안을 고민하다가 이러다가 잘못되면 영원히 체납자가 될 수도 있다는 생각이 들어 그나마 낼 돈이 있을 때 내자고 마음을 먹었다. 그때 그렇게 하지 않았다면 나는 지금까지도 그 돈을 내지 못하고 조금은 떳떳치 못한 삶을 살고 있을 것이다.

그 돈을 내고 나니 내 계좌에는 1억 원 가량의 돈이 남아 있었다. 달랑 1억 원 정도가 계좌에 있다 보니 너무 초라해 보이고 너무 작아보였다. 어쨌든 입사할 때의 내 원금 4억 원을 생각하니 주식으로는 만회할 길이 없다는 생각을 하게 되었다. 서서히 나도 모르는 사이에 그토록 내가 외면하려 했던 선물매매에 관심을 가지기 시작했다.

처음엔 누구나처럼 조심스럽게 시작했다. 선물 1계약을 가지고 하루 종일 매매를 해보기도 하고 2계약도 사보기도 하면서 배포를 키워 나갔다. 주식에 7배 정도의 레버리지를 가지고 있다 보니 워낙에 투기성이 강했고 순간순간의 급등락에 정신을 차리기가 어려웠다. 어쩌면 그렇게 고점매수 저점매도를 잘하는지 신기할 따름이었다.

순간적으로 오르내리는 분 차트를 보면서 내손은 마치 모니터 속 막대그래프의 노예인 양 움직였다. 견디다 견디다 못해 선물매도를 치고 나면 위로 튀기 시작하였고 보다 보다 확신이 들어 선물매수를 하면 여지없이 떨어져 버렸다. 선물시장 자체가 제로섬 게임이고 메이저들은 개인의 돈을 따야하는 구조이다 보니 개미들의 심리를 역으로 이용하는 기술은 신기에 가까웠다. 그리고 일개 개미인 나는 개미의 역할에 충실할 수밖에 없었다.

물론 선물자격증도 있고 금융공학대학원도 다니고 선물 관련된 책들과 전문가들의 조언도 빠짐없이 챙겼다. 우리나라에서 선물투자로는 그 당시 상당히 유명했던 전문가를 여의도까지 찾아가 조언을 구하기도 했다. 내 원칙도 세워보고 매매기법도 다양하게 구사해 보았다. 그리고 때로는 돈을 따는 희열도 느끼고 천하를 얻을 것 같은 자신감에 차기도 했었다.

그러나 이렇게 선물매매를 시작한지 6개월 정도가 지나자 내 돈은 다시 반 토막이 나있었다. 그리고 서서히 나도 남들처럼 마지막길이라고 하는 옵션매매로 가고 있었다.

사람들이 그랬다. "도박꾼들이 마지막으로 가는 곳은 경마장이고 주식쟁이들의 마지막 길은 옵션"이라고. 다른 건 몰라도 옵션만은 절대 하지 않겠다던 나와의 약속은 온 데 간 데 없었다.

몇 억을 잃고 보니 남아 있던 돈은 이제 별로 돈 같지도 않아 보였는지 모른다. 아니면 이왕 이렇게 된 거 갈 때까지 가보자는 심산이었는지도 모르겠다. 이렇게 막 옵션에 발을 들여 놓던 시기였다.

9월 어느 날인가 옵션만기를 이틀정도 앞둔 어느 날 나는 안전하게 거래를 한다며 다음 월 물인 10월 달 옵션을 조금 사두었다. 그런데 집에서 저녁을 먹으며 9시뉴스를 보는데 뉴욕의 쌍둥이 빌딩에 비행기가 충돌하면서 두 빌딩이 내려앉는 장면이 계속 방영되고 있었다.

바로 9.11 테러가 터진 것이었다. 다음날은 마침 오전에 민방위 훈련이 있어서 아침에 정상출근을 못하고 오후에야 출근을 했다. 혹시나 하면서 내 계좌를 열어보고는 내 눈을 의심하고 몇 번이고 확인해야 했다. 7백만 원 정도 사두었던 내 풋옵션가격은 10월물이었는 데도 불구하고 1억 원 가까운 금액이 되어있었다.

이게 뭔가 했다. 다음날 신문지상에는 9월 물을 샀던 사람들의 풋옵션 수백 배 대박에 대한 기사거리가 화제가 되기도 했다. 그러나 나는 내가 다니던 지점에서 아무에게도 이 사실을 알릴 수가 없었다.

왜냐하면 우리 지점은 전국에서도 선물, 옵션 약정 규모가 최상위를 다투는 지점이었고 대부분의 투자상담사들은 선물옵션거래를 하고 있었기 때문이다.

지점장은 워낙에 큰 금액을 굴리고 있었다. 이 분야에서는 정평이 나 있었고 매월 꾸준한 수익을 내고 있었기 때문에 여기저기서 많은 자금들을 유치할 수 있었다.

이렇게 모인 대규모의 자금을 이용해 양매도의 시스템거래를 하여 매월 3~4% 가량의 수익을 지속적으로 내고 있었다. 하지만 만기일을 이틀 앞둔 대형폭락에는 속수무책이었다. 엄청난 금액의 지점손실로 이어져 오전에는 증권사 회장님이 다녀갔다는 얘기도 들려왔다.

이렇듯 초상집 분위기였기에 나는 조용히 있어야 했다. 이렇게 옵션거래를 한지 채 일주일도 되기 전에 나는 운 좋게 그야말로 풋옵션 대박을 맞게 되었다.

풋옵션이란 떨어지는 쪽에 베팅을 하는 일종의 프리미엄 가격으로 한 달에 한 번씩 만기가 가까워질수록 시간가치의 감소로 인해 가격이 빠지면서 변동성이 확대되는 가격구조를 가진 코스피 200지수의 파생상품이다. 이와는 반대로 콜옵션은 올라가는 쪽의 프리미엄 가격이다. 이런 가격구조를 가지다 보니 만기일이 다가 오면 외가격들은 모두다 0원을 향해서 치닫게 되고 엄청난 가격등락을 보이며 변동성이 확대되는 모양을 지니고 있다.

그래서 만기 날이 가까워 오면 2~3배는 보통의 경우이고 만기 날에 임박해서는 10배의 대박도 종종 일어나게 된다. 그러니 만기 날 이틀 전에 9.11테러가 터져 코스피지수가 대폭락을 했으니 옵션에서의 그 파괴력은 상상을 초월하는 것이었다.

이러다 보니 옵션의 맛을 한번 본 사람은 선물이나 주식은 시시해서 다시는 하지 못하게 되는 경우가 많다. 그리고 보통 2-3배 정도의 중박을 한나절에 맛보며 서서히 중독 되어간다.

이렇듯 개미들은 대박의 환상을 쫓아 옵션매수라는 것을 하게 된다. 그러나 여기서도 도박의 메커니즘은 한 치의 오차도 없이 맞물려 돌아가게 된다.

옵션 매수를 한 개미들의 옵션가격은 시간이 갈수록 급격하게 빠지게 된다. 그리고 기관이나 외국인은 옵션 매도를 통해 시간가치만을 잡아먹게 되는 구조로 싸움을 하게 된다. 얼듯 보면 화끈하게 대박을 쫓는 개미가 승산이 있어 보이고 매월 작은 목표수익률을 만드는 메이저들이 소심해 보이기도 한다.

그러나 시간을 적으로 만드는 사람들과 시간을 내편으로 만드는 사람들과의 싸움을 극명하게 보여주는 것이 옵션이다. 그 어떤 도박보다도 확실하게 시간을 내편으로 만들지 못한 자들의 말로를 보여주게 된다. 순간순간은 대박도 있고 중박도 있지만 그 계좌 속에 돈은 시간과 더불어 그저 아무 의미 없는 숫자에 불과해 진다. 다양한 포지션을 구축해보고 매매기법과 원칙을 만들어 보기도 하지만 시간 앞에서는 장사가 없음을 깨닫게 된다.

지금 이 순간에도 수많은 개미들과 전문가들이 다양한 매매 툴과 원칙을 만들어 내며 이 시장에서 살아남는 방법을 찾아내려 하고 있을 것이다.

그러나 시장은 살아 있는 괴물이라고 했던가…. 그 어떤 방법도 살아 움직이는 시장을 이길 수는 없고 어떤 사람도 시간에 있어서는 예외가 될 수 없다.

아무튼 나는 이렇게 대박을 맞았다. 그러나 너무 얼떨결에 너무 쉽게 맞아서인지 큰 기쁨도 딴 돈의 소중함도 별로 없었다. 그 돈을 그대로 계좌에 남겨 놓은 채 더 큰 대박을 위해 나는 더욱더 과감하게 베팅하기 시작했다. 그러다 보니 이제 나에게 1억은 더 이상 큰돈이 아니었다.

내 머리 속에는 5억, 10억, 100억 어른거렸다. 이렇게 이 사건은 나에게 치명적인 독을 주사하게 되어 본격적인 옵션에 발을 들여 놓는 계기가 되었다.

그리고 오직 풋옵션만을 거래하는 골수 풋맨이 되어 버렸음을 한참 후에야 깨닫게 되었다. 하루에도 몇 천 만원이 왔다 갔다 하는 모니터의 현란한 움직임을 바라보면서 돈에 대한 감각이 무디어져 갔다.

도박을 할 때는 하루저녁에 일백만원만 잃어도 가슴이 쓰렸지만 옵션은 1시간에 일천만원을 잃어도 아무런 느낌이 없었다. 한나절에 5천만원을 날린 날에도 와이프에게 조금 미안한 마음에 퇴근 후 남산으로 드라이브를 가자고 했던 것이 고작이었다. 언제나 다시 딸 수 있다는 생각과 한방이면 된다는 생각에 돈을 잃어도 큰 아픔도 느끼지 못한 채 점점 더 무모한 베팅을 하기 시작했다. 나는 이렇게 도박에서 주식으로, 다시 주식에서 선물, 옵션으로 점점 주사액의 강도를 높여 가며 대박을 좇기 시작했다.

금방이라도 잡힐 것 같은 눈앞의 돈들을 잡으려 하면 할수록 돈들은 나를 비웃기라도 하는 듯이 비켜 나갔다. 시간이 흐르면서 내 심리를 이용하듯이 거꾸로 가는 차트와 내 계좌를 들여 보듯이 빠져나가는 잔고를 보면서 한심한 자신에 대한 분노와 자괴감에 빠져들었다.

자다가도 몇 번씩 깨어 다우와 나스닥지수를 확인해야했고 머릿속에는 언제나 대박과 쪽박에 대한 환상과 공포가 드리워져 있었다. 그리고 서서히 말수도 없어지고 정신이 피폐해지는 나를 발견할 수 있었다.

이렇게 1개월이 지나자 풋대박의 신화는 물거품처럼 사라져 갔고 3개월쯤 되자 내 잔고에는 아무것도 남지 않게 되었다. 풋 대박으로 벌었던 1억은 고사하고 내 옵션계좌에는 원금은 물론 전세대금과 어머니께 빌린 돈 마저도 연기처럼 사라져 버린 지 오래였다. 또다시 돈을 빌려 마지막 승부를 걸어볼까 하는 생각도 했었지만 그나마 그런 짓까지는 하지 않았다.

내 옵션계좌에 있던 돈들은 이미 내 돈이 아니었다. 아버님 유산을 정리하며 받은 돈과 주식, 옵션으로 번 돈은 모두 내가 주인이 아니라는 사실을 정확히 알고 있었다. 단 한 푼도 써보지도 못한 채 모두 날리고 나서야 꿈에서 깨어난 듯 자신을 돌아볼 수 있게 되었다.

처음엔 너무나 많은 돈을 너무 쉽게 날린 것에 대한 얼떨떨함이 있기도 했지만 차츰 아무렇지도 않게 생각하게 되었다. 내가 땀 흘려 번 돈이 아니어서 그런지 그렇게 날리고도 나는 그런대로 담담할 수 있었다. 빚을 내어 돌이킬 수 없는 마지막 베팅을 하지 않은 자신을 대견하게 생각하기도 했다.

그리고 오히려 다행이라는 생각마저 들게 되었다. 어차피 주식만 했어도 시간이 지나면 언젠가는 빈손으로 퇴출되는 곳이 이곳이 아닌가

하는 생각을 하게 되었기 때문이다. 선물, 옵션을 한 덕분에 시간을 덜 낭비하며 빨리 증권회사를 그만둘 수 있었다고 나를 위로하며 자위하려 했다.

증권회사에 들어 간지 2년 만에 5억 가량의 돈을 고스란히 날리고 2001년 12월에 빈털터리가 되어 떠밀리듯이 증권회사를 퇴사하였다. 결혼 한지 6개월 만에 백수가 돼버린 나는 운용전문인력 시험에 합격해서 뭔가를 보여주겠다며 열심히 도서관에 다니기 시작했다.

2002년 공인중개사 시험을 보고 신문에서 부동산실무교육이란 광고를 보고 포시즌 컨설팅이란 곳을 찾아갔다. 이곳에서 무료로 5일간 교육을 받으며 새로운 세상을 만난 듯했다. 강사들은 최근 삼사년 동안 빌딩 및 모텔매매를 중개하여 큰돈을 번 베테랑들로 구성이 되어 있었고 교육내용은 주로 이들의 무용담이었다.

IMF 이후부터 2002년 이 당시까지는 워낙 부동산거래가 활발하고 부동산에 대한 관심과 정보가 지금 같지 않아서 포시즌컨설팅의 대대적인 일간지 전면광고와 적극적인 영업방식은 부동산경기와 잘 맞아 들었던 것 같다.

교육을 마치고 나도 금방 수억을 벌 수 있을 것 같은 막연한 기대감을 품은 채 신사동의 한 신설지점으로 배치되었다. 포시즌컨설팅은 생긴지 4년도 안 돼 직원만도 수 천 명에 달했고 전국에 지점이 12개에 이를 정도로 규모를 키워가고 있었다.

이곳에서 빌딩매매가 이뤄지는 과정들을 귀동냥하며 기초부터 배운다는 생각에 6개월가량을 매일 걸어 다니며 물건작업이란 것을 하였다. 팔릴만한 빌딩의 지번을 수첩에 적어 구청에 가서 건축물대장을 떼어 사무실에 들어와 114에 전화를 걸어 건물주 전화번호를 알아내고 건물주와 통화를 시도하는 작업을 하였다.

하루에 보통 50개 정도의 건축물 대장을 구청에서 떼었다. 나중에는 내가 가면 구청직원도 귀찮았던지 자리를 내주며 직접 하라고 했다. 그러나 그렇게 건물주 전화번호가 확인되는 경우는 그중에 20%에 불과 했고 그렇게 어렵게 전화 연결이 되도 빌딩을 내놓는 경우는 거의 드물었다.

지금 생각해 보면 너무나 원시적인 방법이었던 것 같은데 그래도 시간이 지나자 내 물건도 생기고 배우는 것도 있었다. 아니 배웠다기보다는 비로소 나는 깨달았다. 우리가 날려 버린 빌딩들이 얼마나 큰 재산이었나를.

이런 경험을 할 수 있었던 포시즌 컨설팅은 부동산시장이 침체되면서 내리막길을 걷기 시작했고 하나 둘씩 지점이 문을 닫기 시작하더니 지금은 아예 자취를 감춘 지 오래 되었다. 그래도 이곳을 다니면서 빌딩매매가 이뤄지는 2층 부동산의 생리를 알 수 있어 좋았고 같이 입사한 동기들은 지금까지도 믿을 수 있는 부동산 친구들로 남아 있다.

스타부동산….

2003년 공인중개사 2차시험을 보고 취업자리를 알아보고 있었다. 빌딩컨설팅 업체에 면접을 보러갔다가 면접시간이 오후로 연기되는 바람에 PC방에서 시간을 보내다 우연히 스타부동산 구인광고를 보게 되었다.

일단 타워팰리스 단지 안이라는 사실에 호기심 반으로 찾아가게 되었다. 안으로 들어가니 부동산이라 하기엔 너무 크고 웅장한 1층사무실과 2층으로 이어지는 내부계단이 있었고 2층으로 안내되었다. 엔틱가구들을 잠시 구경하고 있으니 크고 뚱뚱한 여자한분이 고개를 숙이고 천천히 다가온다.

괜히 눈빛이 예사롭지 않아 보이고 말투 또한 그렇게 느껴진다.

"내가 어제 9시 뉴스에 나온 사람이에요, 요즘 세무조사로 조금 골치가 아파서…."

이때까지만 해도 이 말이 무슨 말인지 몰랐으나 다음날부터 며칠 동안 9시뉴스와 신문의 헤드라인을 장식하는 그 한 모 여인을 만나고 있었던 것이었다. 타이틀은 수백억 원대 부동산펀드를 조성하여 강남아파트투기를 조장하고 아파트값을 폭등시킨 국내 최대 불법 사설펀드 조직 적발이었다.

신문과 뉴스에서는 한모여인을 중심으로 하는 일당 조직도까지 연일 보도 되면서 아파트값 폭등의 진원지를 찾아 낸듯한 분위기였다. 불과 몇 년 전 동네에서 빵가게를 하던 아줌마에서 일약 부동산 거물로 탄생되는 순간이었다.

그 당시로 부터 4년 전만 해도 한 사장은 동네 작은 아파트 단지 내

상가에서 빵가게를 하고 있었다. 그런데 타워팰리스 모델하우스가 빵가게 앞 도로변으로 들어오게 되자 부동산 업자들이 와서 빵가게를 부동산으로 임대 놓으라고 한 것이었다.

부동산으로 임대를 주고 꽃꽂이를 해준다며 부동산에 놀러 다니던 한 사장은 부동산 돌아가는 상황을 간파하자 그 사람들을 내보내고 본인이 직접 부동산을 운영하게 되었다. 이렇게 시작한 부동산에서 타워팰리스 입주와 부동산 폭등이라는 호재에 힘입어 엄청난 부를 순식간에 축척하였던 것이었다.

그러나 단순 중개만으로는 아무나 그런 부를 모을 수 있는 것은 아닐 것이다. 남다른 판단력과 설득력을 갖추고 있었고 남자들도 따라 하기 힘든 큰 배포가 있어 가능했었을 것이다.

아무튼 나는 이런 경로를 통해서 스타부동산에 면접을 보고 다음날부터 출근을 했고 며칠이 지나지 않아 국세청으로 세무조사를 받으러 다녀야 했다. 난 그저 운전만하고 조사가 끝날 때까지 기다리는 게 전부였으나 여자 특유의 배짱과 낙천적 성격은 그런 상황에서 큰 힘을 발휘하고 있음을 엿볼 수 있었다.

그리고 며칠 후 부터 언론에서는 일부 투기꾼들과 부동산의 담합으로 아파트가격이 폭등했다고 떠들어 대며 부동산대책이란 것이 쏟아져 나오기 시작했다.

내가 스타부동산에 들어간 시점도 벼락 돈을 번 한사장이 희망에 찬 모습으로 스타부동산을 개업한 직후였고 이때가 부동산 호황의 마지막 단꿈에 젖어있던 시기였던 것 같다.

그렇게 스타부동산도 그 시점을 정점으로 세무조사를 받으며 서서히 내려오기 시작했고 3년이 지난 후 그 부동산 자리엔 유명 커피가게가 들어오게 되었다.

럭키부동산….

그 한 사장이 부동산을 한지 3년 만에 부동산 거물로 등장한 것과는 대조적인 럭키부동산이 길 건너에 있다. 난 이곳으로 스타부동산에 들어 간지 6개월 만에 오게 되었다. 스타부동산에 들어가 1개월쯤 되어서 한 사장은 자신이 빵가게를 하다가 처음 부동산을 열었던 부동산을 나보고 맡아서 해보라는 제안을 했다.

그래서 5개월 정도 비록 바지사장이었지만 열심히 운영을 하였다. 그러다가 한사장과 작은 마찰이 생겼다. 그냥 자존심 한번 구기고 나왔으면 될 일을 문뜩 아이들 모습이 떠올라 그만 두겠다는 말을 뱉고 대책없이 짐을 꾸렸다.

그런데 우연히 내 소식을 들은 럭키부동산 사장의 권유로 럭키 부동산으로 가게 되었고 그곳에서 더 다양한 경험을 쌓을 수 있었다. 럭키사장은 서른 살 부터 부동산을 시작해 15년 가까이 부동산중개를 했고 지하단칸방에서 시작해서 얼마 전에는 양재역 근처에 빌딩을 사기도 했다.

부동산을 그렇게 오래 했지만 부동산 투자로는 돈을 벌어보지 못했던 것 같고 오직 부동산 중개만을 해서 개미처럼 돈을 모았던 모양이다. 강남의 이 일대 부동산에서는 모르는 사람이 없을 만큼 많은 돈을 벌었지만 본인은 단 한 번도 그런 내색을 하는 경우가 없다.

3년 동안 럭키부동산에서 있으면서 많은 것을 배웠다. 충청도 제천 사람으로 느린듯하지만 아주 많이 움직였다. 언제나 새벽에 일어나 운동을 하며 일찍 출근을 했고 항상 그날그날 할 일을 이미 계획하고 나온 사람처럼 움직였다.

어눌해 보이는 말투 속에는 흔들리지는 않는 소신과 욕심이 묻어 나왔고 언제나 겸손한 눈빛을 가지고 있었다. 워낙에 돌아다니는 것을 좋아해 사무실에 있는 경우도 드물었지만 어쩌다 사무실에 있는 날에는 어떻게 알았는지 주변사람들이 끊이지 않고 찾아왔다.

그 사장은 부동산은 어느 한사람도 버릴 사람이 없고 움직이면 돈이라는 신념을 이따금씩 이야기 하곤 했다. 스타부동산 사장은 부동산을 시작한지 삼년 만에 수백억대의 재산가가 되었고 럭키부동산 사장은 부동산 중개를 한지 15년 만에 약간의 부를 축적하였다.

그리고 다시 삼년이 지난 후 스타부동산 사장은 법원에 갔다 오는 길이라며 럭키부동산에 들려 급히 처분할 부동산들을 럭키사장과 의논했다. 스타부동산의 한 사장은 벌었던 그 속도로 내려오기 시작했고 이미 모든 것은 다시 제자리를 찾아가고 있었다.

메트로 부동산

2007년. 럭키부동산에 들어 간지 꼬박 3년이 다 되어가자 나는 다시 그만두어야한다는 생각을 하고 있었다. 그곳은 워낙에 위치가 좋아서 부동산 불황속에서도 나는 큰 노력 없이도 안정적인 수입이 보장되는 그야말로 휴식 같은 3년을 보낼 수 있었다.

그러나 편안한 시간은 그만한 대가를 치루고 있었다. 언제부터인가 거칠 것 없던 자신감은 사라져 버린 지 오래였고 일상에 젖어 점점 더

퇴보하고 있는 자신을 발견할 수 있었다.

더 이상 이렇게 자신을 방치하고 있으면 안 된다는 생각이 들기 시작했다. 부동산에 입문할 때는 그저 젊었을 때 다양한 경험을 쌓는다는 생각으로 들어 왔던 것 같은데 어느새 나는 마흔이란 나이를 넘기고 있었다. 그리고 그해 5월에 부동산을 그만두게 되었다.

내가 부동산을 차리게 될 거라고는 한 번도 생각해 본적이 없지만 이제 나는 부동산을 열어야 되는 상황이 되어 있었다. 열심히 뒤지고 다닌 5개월 만에 나는 적당한 부동산을 찾았고 이름은 메트로 부동산이라 했다.

그 이름은 부동산 자리를 찾으러 다니던 중 잠깐 들렀던 어느 부동산의 이름을 따서 그대로 한 것이었다. 그 지역 일대의 부동산 사장들을 통해 상당히 큰돈을 번 젊은 친구가 있다는 소문을 여기저기서 듣게 되어 나는 호기심에 찾아가게 되었다.

대로변이었으나 정말 너무나 눈에 띄지 않는 조그만 부동산이었다. 마치 빌딩 관리실과도 같았다. 앞문은 잠겨 있어서 옆문을 열어 보니 옆문도 잠겨 있었다. 사람이 안에 없는지 알고 창문너머 안을 기웃거리고 있을 때 누군가 저 안쪽에서 나를 보더니 나오고 있었다.

부동산 자리를 알아보고 있다며 몇 마디를 나누던 중 원룸을 찾는 어린 아가씨가 들어왔다. 그런데 그 아가씨는 어저께도 왔었다면서 또 상담을 하고 싶어 했다. 나는 갸우뚱했다. 보통 한번 부동산에 들렀다가 마땅한 물건이 없으면 다른 부동산을 가는 것이 대부분인데 왜 또 왔다는 건지 이해할 수 없었다.

그러나 나는 내 또래의 그 사장과 잠시 대화를 나누고 나오면서 그 이유를 알 수 있을 것도 같았다. 그 사장에 눈빛 때문이었다고 한다면 나 만에 과장인지도 모른다.

인근 부동산 사장들은 그 젊은이는 인상이 좋아서 잘한다고도 했다. 그는 정말로 좋은 인상을 가지고 있었다. 진지함이 묻어 나오고 상대의 고민을 함께 해결해 보겠다는 그 눈빛은 의도적인 노력이었는지는 모른다. 그러나 나오는 순간까지 나에게 깊은 관심을 표하는 그 젊은 사장의 모습에 나는 반해 버렸다. 아주 조용하게 상대를 감화시키는 능력이 있어 보였고 계속 걸려오는 전화는 끊임없이 무엇인가 일을 벌이고 있는 듯 했다.

왜 문을 닫고 있었는지 물어보니 실장이 나간사이에 사람들이 너무 찾아와 자신의 일을 볼 수가 없어서 문을 닫고 있었다고 했다. 그러다 내가 기웃거리자 자신을 알고 찾아온 동네 건물주인지 알고 문을 열어 주었다는 것이다. 인터넷 광고는 하지 않으냐고 물으니 문도 못 열어 놓는데 어떻게 광고를 하냐고 했고 최근에는 도로변 간판도 치워버렸다는 얘기에 할 말을 잃었다.

이미 내가 소문을 들은 선입견 때문인지는 몰라도 그는 내가 여지 것 다녀보았던 다른 부동산 사람들과는 많이 달라 보였다. 그 일대의 집들을 일 년 만에 백 채도 넘게 팔았을 거라는 소문은 단지 소문만은 아닌 것 같았다. 항상 다시 찾아 가보고 싶었지만 왠지 내가 너무 초라한 것 같아 망설이고 있다.

5. IMF 이야기

1997년.

대학을 졸업하고 해태음료에 다니고 있을 무렵 가끔 큰형이 나에게 도장을 찍어 달라며 은행으로 부르곤 했다. 아버님이 돌아가시자 큰형은 아버님을 대신하는 존재였고 나는 형이 하는 일에 아무런 의심도 없던 터라 열심히 도장을 찍었다.

아버님이 돌아가시면서 상속받았던 내 명의로 된 건물로 큰형은 열심히 대출을 받아 사업을 했다. 형이 뭔가 잘못 되어가고 있다는 생각이 들어 회사에 사직서를 내고 형이 벌려놓은 I. B. G란 회사에 들어와 보니 말이 아니었다. 그렇게 잘나가고 있다던 형 회사 직원들은 대부분 떠났고 형은 매일 돈 빌리러 다니기에 바빴다.

그리고 얼마가 지났을까 매스컴에서는 IMF란 말이 터져 나오기 시작했다. 그렇게 시간이 흐르자 이자는 눈덩이처럼 불어나기 시작했고 한 달에 이자만 3천만 원 이상을 내야하는 상황이 되어 있었다. 자다가도 이자 생각만 하면 가슴이 답답해졌고 매달 닥쳐오는 이자 내는 날은 내 목을 조여 오는 듯했다. 나는 이때 대출이자의 무서움을 피부 깊숙이 체험할 수 있었다.

생각만 해도 숨이 막혀왔고 빚만 없으면 얼마나 행복할까하는 생각이 절로 들었다. 빚을 내서 다시 이자를 내는 악순환을 거듭하다보니 더 이상 대출이 안 되는 지경에까지 이르게 되었다. 상속받은 건물 모두를 처분해야 했다.

내 건물은 이자를 못내 빚에 그냥 넘어가게 생겼고 형이 상속 받은 큰 건물도 팔아야 한다고 생각했다. 형 건물에는 융자가 그렇게 많지는 않아 살릴 수도 있었지만 워낙에 대출이자에 고생을 했던 터라 나는 팔아서 빚을 갚아야 한다고 주장했다. 지금 생각하면 나의 가장 큰 실수였다.

IMF 한복판에서 우여곡절 끝에 형 건물은 팔렸으나 그야말로 부동산 최저점에서 헐값 매각을 하였고 여기저기 빚 청산을 하고나니 남는 돈이 얼마 되지 않았다.

나는 체납자로는 살수 없을 것 같아 형을 설득해 4억 원 정도인가를 양도세로 모두 내었는데 몇 개월 후 국세청직원들이 사무실로 들이 닥쳤다. 내 건물 매매계약서를 가지고 가더니 8천만 원 가까운 양도세를 더 추징한다는 것이었다.

나는 너무나 어의가 없고 억울해서 잠이 오질 않았다. 내 건물은 대출이자를 갚지 못해서 빚에 넘어가는 상황에서 십 원도 받지 않은 채 매각된 것 이여서 나는 양도차익은 물론 돈이 전혀 없는 상황이었다. 주변 사람들은 국세이고 재산도 하나도 없으니 5년만 버티면 된다고 하였다.

그러나 나는 그렇게는 못한다며 큰형 건물 판 돈으로 내 세금을 모두 내 달라고 형을 졸랐다. 그래서 결국 형은 자신의 양도세를 낼 돈으로 내 세금을 모두 내주게 되었다. 그런데 어이없게도 세무조사와 세금추징이 나왔던 것이었다.

국세청 직원에 말에 의하면 IMF속에서 공시지가 아래로도 거래되는 특수한 사정을 무시한 세법을 적용하다보니 어쩔 수 없이 세무조사가 들어간 것이라고 했다. 자신들은 원칙에 따라 세금을 추징할 수밖에 없으니 관할세무서를 찾아가 잘 이야기 해보라는 것이었다.

다시 어머니와 나는 강남세무서장를 찾아가 하소연을 했다. 빚에 그냥 넘어간 상황에서도 돈을 빌려 나온 세금을 모두 내었는데 무슨 추징금이냐며 떳떳하게 살아 갈려는 젊은이의 앞길을 막지 말아 달라며 애원했다.

내 사연을 듣던 세무서장은 담당자를 불러 방법을 찾아보라며 찾아간 어머니와 나를 위로해 주었다. 그러나 다른 방법은 없었다. 세무서장은 이미 고지된 세금을 안 낼 수는 없으니 1년간 이자 없이 유예를 해주면 어떻겠냐고 물었다.

나도 더 이상은 어쩔 도리가 없다는 생각이 들었고 그때쯤이면 그 정도 돈은 벌 수 있으리라 생각했다.

이렇게 IMF라는 파고는 아버님이 상속해 준 빌딩들과 우리가 하던 벤처 사업을 모두 삼켜버렸다. 그러나 꼭 IMF가 아니었더라도 그 재산과 사업은 모두 우리 몫이 아니었다라고 생각한다.

그것을 내 것으로 만들고 유지하기에는 너무나 턱없이 부족한 자질과 팔자가 아니었나 싶다. 젊어서 하루라도 빨리 다 없애 버리고 다양한 경험을 쌓을 수 있게 해준 것이 I. M. F가 아니었나 싶어 감사하기까지 하다.

그렇게 깜깜하던 IMF 시절 허름한 차림새의 한 아주머니가 형 건물을 산다고 왔을 때 나는 그분이 세상물정 모르는 우리에 구세주라 여겼다. 그 돈을 은행에만 넣어도 이자가 25%를 육박하던 시절인데 이렇게 임대료도 안 나와 골치 아프고 비싸기만 한 건물을 사주는 그 아주머니가 너무나 고마웠다. 그러나 시간이 지나고 지금 와서 돌아보니 부자는 왜 더 부자가 되는지를 보여주는 모습이었던 것 같다.

그러나 죽기만 하란 법은 없었다. 이런 운명과 불운 속에서도 나에게 소가 뒷걸음질 치다가 쥐를 잡는 일이 생기게 되었다. 외가 쪽 친척 형이 강남에 20평대의 아파트를 분양 받았다가 IMF가 터지면서 분양대금을 내지 못해 팔려고 하고 있었다. 그러던 어느 날 몇 개월 동안 신문광고를 내도 팔리지 않는다며 나를 찾아왔다.

연대보증을 섰던 동생 급여까지 압류가 들어와 빨리 팔아야 한다며 초조해 하는 그 형을 보면서 나는 빠져 나갈 궁리만 하고 있었다. 지금 우리도 빌딩 두 채가 모두 날아가게 생겨서 여유가 없다고 하며 발뺌을 하다가 얼마면 살수 있냐고 물었다. 살 사람만 있으면 분양가격 그대로 팔려고 하고 6개월만 있으면 입주를 한다는 얘기를 들으면서도 나는 그 형을 도울 것인가 말 것인가 만을 생각하고 있었다.

사실 그때 마침 큰형 빌딩이 매각되면서 계약금을 받아 놓은 것이 있던 터라 내가 마음만 먹으면 1억 2천만 원 정도는 융통할 수 있는 상황이란 걸 알고 있었다.

잠시 고민을 하다가 지금 내가 안사주면 못 팔 것 같다는 생각이 들었다. 그리고 나중에 정 안되면 내가 들어가 살면 된다는 계산을 하며 사기로 결정을 했다.

그런데 막상 사고 보니 내 돈은 얼마 들어가지도 않았다. 입주 때까지 남은 분양대금을 냈고 입주시기가 되니 9천만 원에 전세가 바로 나가게 되어 내 돈은 3천만 원을 6개월간 나눠 낸 것이 전부인 셈이 되었다.

그리고 시간이 지나자 오르고 또 올라 그 형에게는 너무나 미안하고 고마운 생각이 들게 되었다. 그래서 나는 입버릇처럼 여유가 되면 그 형에게 얼마간은 보답할거라고 어머니에게 말하곤 한다. 지금 나는 그 집에서 와이프에게 체면치레를 하며 아이들과 행복하게 살고 있고 대출을 받아 부동산도 차리게 되었다.

6. 벤처 이야기

스위스제네바발명가대회 금상, 동상 수상.

삼성전자와 양측개방도어장치기술 로열티 계약체결.

삼성물산과 공동 개발한 접철식 BOX 삼성전기에 전량 공급키로.

벤처 열풍이 온 나라를 뒤엎고 있을 즈음에 우리 형도 거기에 있었다. 삼성전자에서는 양측개방도어장치를 냉장고에 접목시키기 위해 수억 원의 계약금을 주고 형 회사 IBG와 로열티계약을 했다. 또한 삼성물산의 넥스트 웨이브 팀은 국내 물류시장의 가능성을 보고 접철식 박스 공동개발에 참여해 세 가지 종류의 산업용박스를 공동개발하기에 이르렀다. 그리고 얼마 후 삼성전기의 모든 납품박스를 IBG가 개발한 접는 플라스틱 박스로 교체한다는 결정이 내려졌다. 삼성전기뿐만 아니라 삼성의 모든 계열사로 순차적으로 확대시킨다는 야심 찬 계획이 진행되고 있었다.

삼성전자가 사간 양측개방도어장치란 문이 어느 한쪽 방향으로만 열리지 않고 양쪽 어디로든 열수가 있는 신기한 구조를 가지고 있었다. 이것을 냉장고 문에 접목시킬 수 있다면 공간 활용이나 실생활에서 너무나 획기적인 상품이 될 것이 분명했다.

삼성전기에서 채택한 접철식 박스란 접으면 크기가 4분의 1로 납작하게 줄어드는 구조로 설계되어 물류비용을 대폭적으로 절감할 수 있었다. 그뿐만 아니라 플라스틱으로 만들어져 있어서 일회용 종이 박스를 대체할 수 있는 환경 친화적인 제품이라는 평가를 받았다.

이 두 가지 아이템을 개발한 발명가는 초등학교 졸업이 학력의 전부여서 입지전적인 인물로 매스컴에 오르내리기 시작했다. 그리고 우리가 개척할 시장은 무궁무진해 보였다.

가정용박스는 벤처기업박람회에 나가면 히트상품으로 팔려 나갔고 각종의 홈쇼핑 채널에서도 지속적인 판매가 이루어지고 있었다. 산업용박스는 이미 삼성전기의 모든 하청업체들에서 대량의 주문이 정기적으로 들어오고 있어서 안정적인 매출을 일으키고 있었다. 그리고 농업용박스는 우리에 꿈을 부풀게 하기에 충분했다. LG물류센터 등에서도 꾸준한 주문이 들어오고 있었지만 무엇보다도 우리에 관심은 농협이었다. 농협에서만 채택 된다면 물류시장의 한 획을 그을 수 있다는 기대와 희망에 부풀어 있었다.

이 당시 아이디어뱅크그룹 IBG는 그야말로 희망의 끝에 서있었던 것처럼 보였다. 모든 것이 의심의 여지없는 잘나가는 벤처기업이었다. 이렇게 항상 잘 풀리고 있는 형 회사를 매스컴이나 신문을 통해서 확인할 수 있었던 나는 마냥 형이 자랑스럽기만 했다.

해태음료 인사팀에 근무하면서 훗날 형과 함께 IBG를 키워 나갈 꿈을 꾸면서 마케팅이나 기획팀 쪽에서 경험을 쌓아야 한다는 생각을 하기도 했다.

이렇게 사회생활을 한지 2년이 조금 지났을 때부터 조금씩 이상한 말들이 들려오기 시작했다. 그리고 언제 부터인가 형 회사에 가보면 직원들이 잘 보이지를 않았고 이유를 물어보면 다 괜찮다는 말만 반복할 뿐이었다. 그러나 이미 형 얼굴에는 어두운 그림자가 깊게 드리워져 있었고 그것을 알아차리는 것은 그리 오래 걸리지 않았다. 내가 여기서 이러고 있으면 안 되겠다는 생각이 들어 회사에 사표를 내고 나와 IBG에 뛰어 들게 되었다.

무엇이 잘못 되어진 것일까? 달라진 것은 크게 없었다. 다만 직원은 김 부장이란 사람만이 남아 있었고 형은 돈을 빌리러 다니기에 정신이 없었다는 사실 말고는….

나는 형 회사에 들어와 2년여 동안 나름대로 매출도 늘리고 문제점들도 개선해 나가며 운영을 해보았다. 주먹구구식으로 한 개씩 낱개로 팔던 가정용 박스를 색깔별로 4개 한 세트로 포장해 팔기 시작하자 매출이 늘어났고 LG홈쇼핑에서도 반응이 좋아져 지속적인 판매가 이루어졌다.

황소홈쇼핑에서는 3개월 동안 6천만 원에 가까운 판매량을 기록하기도 했으나 황소홈쇼핑은 갑자기 부도가 나면서 그 어음들 모두가 하루아침에 휴지로 변하는 아픔도 겪어야 했다.

운송 중 잘 깨져 클레임이 많았던 가정용박스 네 귀퉁이의 발을 없애고 상판 위에 홈을 만드는 아이디어로 박스의 고질적인 문제점을 해결하며 기뻐하기도 했다. 일주일에 두 세 번씩은 화성과 인천의 하청공장들을 오가며 생산과 재고를 관리해야 했고 삼성전기의 하청업체들과 LG 물류센터 등을 돌며 납품도 해야 했다.

지금 생각해 보면 그때가 내 인생에 가장 멋진 순간이었던 것 같다. 직장생활에서는 맛볼 수 없었던 자신감이 불거져 나왔고 중소기업의 사장들을 만나서 제품 설명을 하며 오더를 따올 때는 정말 나중에 큰 일을 할 것만 같았다.

나이는 비록 삼십 때 초반이었지만 내가 어리다는 생각이나 준비가 안 되었다는 생각은 해보지 않았다. 집안재산은 다 날라 갔어도 내 꿈은 커지고 있었기에 그런대로 패기에 찬 모습으로 그 시기를 보낼 수 있었다.

그러나 어느 날 물류시장의 전망을 역설하던 형에게 이런 말을 했다.

"형, 떡이 너무 커… 우리가 먹을 떡이 아닌 것 같아…."

IBG에 들어 온지 2년 정도가 되었을 때 나는 문뜩 이런 말을 형에게 하였다. 아마도 그랬었던 것 같다. 그 시장을 개척하기에는 지속적인 개발과 투자가 뒷받침되어야 했지만 우리가 뛰어들기엔 자본과 기술력이 너무 짧았고 이미 한계에 다다라 있었던 것이었다.

그야말로 앞만 보고 제 몸 망가지는 줄 모르고 달려가는 불나방의 모습과도 같았고 이미 우리 몸은 만신창이가 되어 있었다. IMF를 겪은 일년 동안 우리 빚은 우리가 감당할 수준을 넘은지 오래였고 더 이상 나 혼자 사업을 유지한다는 것은 불가능해 보였다. 내가 IBG에 들어온 후 IMF를 지나면서 형은 매월 닥치는 이자를 갚아 나가느라 사실상 회사 일은 나 혼자 어렵게 꾸려나가고 있는 상황이었다.

결국에 회사를 팔아야 한다고 판단했지만 벤처 열풍이 사그라지기 시작하자 아무도 사겠다는 사람이 없었다. 그래서 결국에는 그동안 동고동락했던 자문변리사에게 단돈 1억 원에 그냥 넘기기로 하였다.

6년여 동안 투자된 금액의 20분의 1도 되지 않았지만 그나마 우리 제품을 잘 아는 분이 인수해 다행이라 생각했다. 그 변리사 분은 우리가 투자한 금액과 매출실적을 어느 정도는 알고 있었기에 기꺼이 IBG를 인수하였다.

그렇게 나는 형이 벌려 놓은 사업을 수습해 가며 손을 땔 수가 있었다. 이때의 결정은 결과적으로 옳았던 것 같고 얼마 후에 나는 증권회사에 입사할 수 있었다.

2006년. 어머니가 어느 날 굳이 나에게 점심을 먹자고 하신다. 무언가 단단히 하실 말씀이 계신가 보다.

"사실은 한 달 전에 작은형이 바다이야기를 차렸다."

마지막 남은 어머님 집을 담보로 돈을 대출 받은 것이었다. 죽을 결심으로 열심히 해보겠다며 이미 계약을 하고 온 작은형을 더 이상 말릴 수도 없었고 이 나이에 이집을 가지고 있으면 뭐하냐는 어머님을 바라보며 잘하셨다고 위로해 드렸다.

이미 어머님은 아버님이 돌아가셨을 때에 재산은 다 무슨 소용이 있냐며 유산을 모두 자식들 앞으로 해놓았다. 그리고 큰형이 사업을 하다 모두 날려도 몸만 건강하면 된다고 하며 그렇게 지내셨다.

그 일이 있기 전 일 년 전 부터 어머님께 몇 번이고 말씀드렸다. 결국은 형들은 어머님 집을 담보로 돈을 대출 받는다고 올 것이니 절대 해주면 안 되고 나에게 꼭 알리라고…. 그러나 이미 엎질러진 물이었고 어머님을 위로하고 긍정적인 면만을 말씀해 드리려 했다.

그 당시에 내 친구를 통해 자신의 매형이 하는 바다이야기에 2억을 투자하고 매월 천만 원씩 이자를 1년 동안 받았다는 얘기를 들었다. 그리고 그 친구는 매형이 한 개 더 오픈한다며 또 대출을 알아보고 있었다.

이런 말을 들은 지 얼마 되지 않았던 터라 나는 어머님께 그 친구 얘기도 해가며 잘 될 거라고 아무렇지도 않은 듯 말했다. 아마도 나를 모르게 한 것이 못내 마음에 걸려 고백하시는 어머님께 왕따 당한 듯한 내 심정을 토해내면 더 나만 비참해질 것 같아서였다.

어머님은 6개월 전부터 작은형이 찾아와 이 일을 벌이겠다고 돈을 대출해 달라고 떼를 썼다고 했다. 그리고 버티다 버티다 어찌할 도리가 없어서 큰형과 상의 끝에 그렇게 하셨다는 것이었다.

나에게 알리면 형이고 뭐고 난리칠 것은 분명했고 형제간에 그런 모습을 보기는 싫으셨던 모양이었다. 믿고 싶은 희망적인 말만을 하며 어머님을 안심시켜 드렸지만 이런 생각이 스치고 지나가는 것은 어쩔 수 없었다. 참 늦었다. 내가 알 정도면 또 늦은 것 아닌가.

그리고 한 달 후. 어느 날 어머니 집을 갔는데 어머님이 작은형 가게가 없어지는 꿈을 꾸셨단다. 그래서 나도 어제 밤에 작은형 가게가 텅 비어있는 것을 꿈에서 보았다고 하자 분위기가 이상해지며 씁쓸해하던 기억이 난다.

그리고 며칠 후 부터인지 매스컴에서는 바다게이트란 것이 터져 나오기 시작했다. TV를 켜기가 싫을 정도로 우리 작은형 가게에 걸려있는 바다이야기 간판이 매일매일 뉴스에 도배를 하고 있었다.

작은형은 나라에서 허가 내주어 세금내가며 하라는 대로 하는 것인데 이럴 수 있냐며 발버둥치려 했다. 그러나 이미 이 바닥에 있는 사람들은 그렇게 버려도 뒤탈이 없는 군상들임을 잘 알고 있는 듯 했다. 법을 고쳐서 판을 만들어 놓고 이제 와서 법이 잘못됐으니 거기 있던 놈들은 다 죽으라는 것처럼 보였다.

우리 작은형이 마침 거기에 있어서 그랬는지 모르겠다. 돈을 먹으며 법을 만들어 댔던 국회의원들이나 편법으로 허가를 내주었던 공무원들은 잘못된 것을 바로잡으면 그만이다.

그러나 거기에 놀아난 나쁜 놈들은 생사를 모르게 되었던 것이었다. 그 일이 터진 후 얼마 후부터 작은형은 가족들과 연락이 되지 않았고 10개월이 지난 지금까지도 소식이 없다. 나 몰래 일을 벌인 작은형과 큰형, 어머님이 처음엔 원망스럽기도 했지만 도박판을 전전하던 작은형이 난생 처음 사업이랍시고 차렸는데 저렇게 재수가 없을까하는 안타까운 마음을 떨치기 어려웠다.

그러나 한편으로는 더 잘되었다는 생각도 하게 되었다. 어차피 이 사업은 언제 망해도 망할 사업이었고 남의 눈에 피눈물을 나게 하는 사업이 잘될 수 없다는 생각도 들었다. 그리고 작은형에겐 미안한 말이지만 얼마간 장사를 했다고 할지라도 그 돈을 관리하고 투자된 돈을 갚아 나가기는 어려웠을 것이란 생각도 든다.

언젠가는 지금과 똑같은 상황에 직면할 수밖에 없을 것이다. 사업은 아이템도 중요하겠지만 사람이 먼저란 생각을 해본다. 아무리 돈을 잘 버는 사업을 한다고 할지라도 결국에 가서는 그 사람의 크기만큼만 가지게 될 것이다.

이렇게 생각해 본다면 작은형은 그런 돈을 벌거나 가지기엔 너무나 부족한 그릇이었던 것 같다. 설령 일시적으로 벌었다 하여도 종국에 가서는 자신이 살아온 과거와 가장 어울리는 모습으로 살아갈 것이라면 조금 일찍 망했어도 그렇게 억울한 것도 아니란 생각이 들었다. 이렇게 우리 작은형은 두 달 만에 간판을 내리게 되었고 우리 삼형제 막차이야기의 마지막을 화려하게 장식하게 되었다.

8. 막차 이야기

내가 보아도 우리 형들과 나는 주식으로 말하자면 최저점 매도 최고점 매수를 반복하며 소위 말하는 막차인생을 살고 있는 것 같다. 벤처기업 열풍이 온 나라를 뒤엎고 있을 때에 벤처사업에 온 집안의 돈을 몽땅 털어 넣는 최고점 매수를 하였다가 다 날려버리며 막차를 타기 시작했다.

IMF때는 부동산 값이 떨어질 때로 떨어지고 아무도 부동산을 쳐다보지도 않자 대출을 갚겠다며 그 큰 건물들을 최고헐값에 넘기는 최저점 매도를 단행하였다.

IMF 이후 주가가 치솟으며 주식시장에 사람들이 몰리기 시작하자 거기에도 빠질세라 동참하였다. 증권회사 입사해 며칠이 지나자 주가는 1000포인트를 돌파하며 나의 막차입성을 축하해 주었고 다시 한 번 최고점 매수임을 확인시켜 주었다.

다시 부동산 바람이 불게 되자 나는 부동산에 관심을 가지기 시작했고 부동산에 입문하게 되었다. 그러나 부동산 활황의 정점에서 내가 근무했던 부동산들은 쇠락의 길로 들어서기 시작했다. 그리고 각종의 부동산 대책이 발표되면서 부동산 시장이 얼어붙자 나는 나의 막차탑승을 신기해하고 있었다. 큰형과 내가 번갈아 막차를 타며 가산을 탕진하자 작은형은 바다이야기로 마지막 피날레를 멋있게 장식해 주었다.

남들 돈 번다고 할 때 큰형은 벤처기업과 주식에, 나는 주식과 부동산에, 작은형은 바다이야기에 뛰어 들었다. 다른 사람들 돈 벌었다는 소문이 우리 귀에 들어왔을 때는 이미 늦었다는 사실을 알 수 없었다. 남들이 쳐다보지도 않을 때 조용히 관심을 가져야 기회가 온다는 사실도 그땐 상상조차 할 수 없었다. 그리고 그것을 조금이라도 눈치 채기엔 너무나 쉽고 편하게 살아온 인생들이였다.

정도의 차이가 있을 뿐 우리 삼형제는 눈물겹도록 막차를 타며 쉽게 산 인생의 대가를 톡톡히 치루고 있었다. 아니면 주제 넘는 재산을 졸지에 물려받은 사람들은 대부분 갈수밖에 없는 막차여행의 정규코스가 아닌가 싶기도 하다.

그러나 이것으로 인생이 기구했다든지, 희망이 없어 보인다는 얘기는 아니다. 아니 오히려 부모재산 물려받아 여지 것 잘 빼먹으며 살았다는 생각과 참 늘어지게 좋은 팔자라는 생각이 들기도 한다. 좋은 부모를 만나 고생 한번 해보지 않고 있는 돈 차례로 날린 것이 무슨 역경이나 자랑이 되는 양 떠들고 있는 나도 우습다. 자신이 벌지 않은 돈은 자기 돈이 아니란 사실과 돈을 알지 못하는 사람들의 말로를 보여주는 듯해서 통쾌하기까지 하다.

정말로 돈은 나에게 길을 묻는 손님과도 같다. 잠시 길을 묻듯 다가와 이 사람이 아닌가 싶으면 슬며시 가버리는 사람과도 같다. 이 사람들을 오랫동안 많이 머물게 하기 위해서는 내 모습이 달라야 할 것이다. 일시적으로는 그 사람들을 붙잡아 놓을 수 있을지 몰라도 얼마가지 않아 내 그릇 만큼만 채워놓고 떠나 버리게 될 것이다. 시간이 지나고 나면, 시간만 지나고 나면 언제나 진실은 남아 조금이라도 남아있을 일시적인 오류를 반듯이 고쳐주게 된다.

돈들은 그 돈이 쌓아진 속도와 땀을 기억하고 있다가 똑같은 속도와 땀으로 사라져 버리게 되는 것 같다. 그리고 그것은 꼭 돈일 필요는 없을 것이다. 부동산도 막차에 들어온 것은 사실이나 땀 흘린 이상의 돈을 탐하지 않아서인지 일한만큼의 보상은 정확히 돌아오고 있어서 좋다. 그래서 비록 막차로 오게 됐지만 나는 이제 이곳에서 얼마간 정착하려 하고 있다.

지금까지의 막차여행은 주제를 모르고 쉽게 한탕을 하려는 헛된 욕망의 열차를 타고 달리는 짜릿한 여행이었다면 이제는 힘들고 고생이 되더라도 깊은 여행의 참맛을 느낄 수 있는 도보여행을 해보고 싶다. 한걸음씩 걸으며 자신을 돌아보고 노동과 땀의 결실이 얼마나 소중한 것인가를 늦었지만 깨달으며 살고 싶다.

그리고 내가 탔던 막차가 절망의 막차가 아닌 희망의 막차였기를 기대해 본다. 마지막에 타지 못했으면 평생 탈 수 없었던 막차를 겨우겨우 붙잡아 타고 희망의 끈을 놓지 않을 수 있었던 이유가 되었기를 소망해 본다.

1. 교육에 관하여

언북초등학교, 휘문중학교, 경기고등학교, 국민대학교.

내 학벌이다. 뺑뺑이를 잘 타서 좋은 학교를 나온 것 같다. 그래서 어쩌면 학벌에 대한 열등감이 적어서인지는 모르겠으나 학벌을 위한 자녀 교육에 관해서는 난 큰 비중을 두려하지 않는다. 내 아이가 열심히 공부하는 모습을 보면 기분 좋아지고 공부를 잘한다고 하면 더욱 으쓱해질 것은 당연한 사실이다. 그러나 적어도 아이들 때문에 집을 이사한다든지, 가족이 떨어져 산다든지 하는 일은 없을 것이다.

지금의 내 고등학교 친구들이나 대학친구들은 나에게 큰 재산이고 힘이 되어주는 것은 사실이지만 그들로 하여금 내 인생이 달라진다고는 생각지 않는다. 모든 부모들은 내 아이가 좋은 환경 속에서 교육받기를 원할 것이다. 나도 예외는 아닐 것이다. 그러나 나는 생각해 본다. 어떤 것이 우리 아이들에게 더 소중한 경험이 될 것인지를….

우리 조카는 강남의 좋은 교육환경에서 중고등학교를 나왔다. 또한 형수는 아이들이 돈에 구애 안 받고 돈을 모르고 자라는 것을 자랑으로 여겼다. 그리고 조카는 고등학생이 되고 집안형편이 어려워지자 엄마가 나가서 돈 벌어오지 않는다는 원망을 한다고 들었다.

열악한 교육환경일지라도 돈을 알게 하면서 자라게 하는 것이 더 중요하다는 생각을 해본다. 좋은 대학을 나오고 좋은 직장을 다니고 좋은 배우자를 만난다 하여도 경제관념이 없다면 사상누각에 불과한 노릇일 것이다.

그리고 그런 경우는 우리주위에 너무나 많고 갈수록 그 차이는 더욱 심화되는 것을 느낀다. 지금은 좋은 직장을 다니거나 고시를 패스해도 돈을 모아 집을 사고 부를 축적하는 시대는 지나간 것 같다.

나는 내 아이들에게 어떤 사람에게 사람이 모이고 돈이 모이는지, 어떤 것이 진정한 행복인지를 체험하며 자라게 해주고 싶다. 그래서 조금은 돈에 구애 받고 어려움을 느끼며 자라게 하고 싶다. 어쩌면 우리 삼형제가 그 정반대의 삶을 살아 왔기에 그런지도 모른다. 그렇다고 아이들을 완전히 방치하고 돈만 밝히는 그런 아이로 키우겠다는 것은 아니다. 내 경제여건에서 부모로서 할 수 있는 것은 최대한 해주려고 노력한다.

먼저 2007년 초에 지금 살고 있는 집으로 이사를 오면서 와이프의 제안으로 TV를 처형 집에 주고 왔다. 반평생을 저녁 먹으면 TV에 붙어 있던 삶을 살아오던 나에게는 대단한 모험이자 용기가 필요했다. 그러나 우리 아이들에게 다른 아이들처럼 좋은 교육을 받게 해줄 수는 없어도 지금 내가 할 수 있는 유일한 것이라 생각하였다. 그런데 막상 TV를 없애고 일 년 넘게 살아 보니 그동안 어떻게 그러고 살았나 싶을 정도로 우리 가족과 내 삶은 달라져 버렸다.

무엇보다 아이들을 대하는 내 모습이 변했다. 예전에는 TV를 보다가 아이들이 앞을 가로막는다던지 다른 채널을 돌리려 하면 소리를 지르며 신경질을 내었다. 그때 내정신은 온통 TV에 빠져 있었고 아이들은 내 달콤한 휴식과 유일한 즐거움을 빼앗으려 하는 훼방꾼에 지나지 않았기 때문이다.

그러나 거실에서 책을 읽거나 내방에서 글을 쓰고 있을 때 아이들이 달려와 방해를 해도 화가 나지 않는다. 왜 그런지 나도 잘 모르겠다. 책을 읽거나 글을 쓸 때의 내 정신은 TV를 볼 때와는 확실히 다른 세계에 있다. 뭔가 뇌에서 다른 호르몬이 분비가 되는 것도 같다.

아이들뿐만 아니라 모든 사물을 좀 더 애정 어린 눈으로 바라보게 되기도 한다. 그리고 잘 때는 꼭 내가 재워주게 되었다. 저녁 때 시간이 많아져서 아이들을 일찍 재우려 하다 보니 아이들은 노는 시간을 달라고 졸랐다. 그래서 잠자기 전까지 시간을 주면 아이들은 거실에서 열심히 책을 읽는다. 일찍 잠자리에 누워 아이들을 재우려 하다 보니 자연스레 그 날 일을 아이들과 되돌아보며 감사기도를 드리게 되었다.

이렇게 지내다 문뜩 아이들에게 잠들기 전까지 동화이야기를 해주면 좋겠다는 생각을 하게 되었다. 처음엔 동화를 만들어서 말한다는 것이 엄청난 부담으로 다가왔다. 동화책 한번 읽어 본적이 없는 내가 뭔가 얘기를 지어서 말해주려 하니 막막하고 앞뒤가 맞지도 않았다. 그런데 어느 날인가 막내 녀석이 너무 재미있다고 박수를 쳐준 것을 계기로 나는 탄력을 받기 시작했다. 그리고 시간이 흐르자 두 아이들이 오늘에 제목을 하나씩 말하면 그것을 엮어 계속 중얼거릴 수 있게 되었다. 그렇게 중얼거리다가 내가 잠들기도 한다.

그렇게 몇 달이 지나자 다섯 살이었던 막내가 자기도 얘기를 하겠다고 나서게 되었고 첫째 여은이도 가만있지 않았다. 아이들 이야기는 내 것 보다 훨씬 더 자유롭고 박진감 넘쳤다.

아이들 이야기를 듣다보니 꼭 내가 하는 스타일과 비슷해서 좀 더 잘 해야겠다는 반성도 하게 되었다. 그래서 요즘은 하루씩 돌아가면서 이야기를 하는데 요즘은 아이들 얘기가 내 것보다도 재미있어서 내가 슬쩍 기대가 되곤 한다.

아이들은 내가 하는 대로 한다. 내가 TV를 보면 TV를 보고, 내가 신경질을 내면 신경질을 내고, 책을 보면 책을 보고, 이야기를 하면 이야기를 한다. 내 눈이 따뜻해지면 아이들 눈도 따뜻해지고 내 행동이 바르면 아이들도 그렇게 되리라 믿는다. 나는 내 아이들에게 다른 사람의 눈과 입을 통해서 얻어지는 질 좋은 교육을 시킬 수는 없는 형편이다. 그래서 나는 우리 아이들이 좋은 학벌을 갇게 되리란 기대도 하지 않고 바라지도 않는다.

그러나 적어도 내 눈과 입을 통해서 할 수 있는 최소한의 교육을 통해서 그렇게 따뜻한 시선과 말을 할 수 있는 아이로 자라게 하고 싶다.

2. 종교에 관하여

오늘은 오랜만에 와이프와 다투었다. 어머니 집에서 저녁을 먹고 오면서 차 안에서 와이프의 어머니에 대한 불만을 듣다가 내가 발끈했기 때문이다. 원인은 부동산 개업식 날을 바라보는 며느리와 시어머니와의 극복되기 어려운 종교 차이에서 비롯되었다.

부동산 개업식 날을 다음 달 토요일로 잡았다고 하니 어머니는 스님께 좋은날인지 물어 본다며 와이프 띠와 내 띠를 물어 보셨고 나는 아무렇지도 않게 알려 드렸다. 그런데 전화로 스님과 통화를 하던 어머니께서 그날 보다는 하루전날이 좋다며 하루 당겨 했으면 하셨다. 웬만하면 어머니의 뜻을 따랐지만 그날은 평일이어서 좀 곤란했다. 그러자 어머니께서는 예방책이 있다면서 개업식 전날에 부동산에 오셔서 스님이 알려준 몇 가지를 태우신다고 하신다.

이런 대화를 주고받는 모자의 모습을 보고 있던 와이프 얼굴은 이미 일그러지고 있음을 눈치 채고 있었다. 그러더니 집에 오는 길에 더 이상은 못 참겠다는 양 결혼해서 지금까지 참아왔다며 불만을 터뜨리기 시작했다.

이사할 때마다 어머니는 좋은날을 스님께 물어보고 예방을 한다며 집에 오셔서 뭔가를 태우시더니 또 그러냐며 더 이상은 싫다고 했다. 나보고는 젊은 사람이 어머님이 하자는 대로 한다며 왜 그런 미신에 의지하려고 하냐며 나무랬다. 가만히 듣고 있던 나는 그것이 당신의 한계라며 맞받아쳤다. 칠십 평생을 그렇게 살아오셨고 또 그렇게 살아가실 어머님을 답답해하며 원망하는 아내가 나도 원망스럽긴 마찬가지였다.

나는 결혼하기 전까지는 어머니를 따라 절에 다녔다. 일단 절에 가면 마음이 편했다. 인생은 고해의 바다요, 모든 사물은 윤회한다는 등의 주워들은 불가의 얘기들이 와 닿기도 했다. 그리고 어머니는 내가 선을 볼 때마다 다른 건 몰라도 꼭 절에 다니는 여자와 결혼을 해야 한다며 나를 세뇌시키려 하셨다.

결혼하기 전까지도 1년에 한번 씩은 어머니와 서울의 인근 산들을 찾아가 산제사를 지내고 오곤 했다. 산중턱 정도까지 올라가 계곡의 잘생긴 바위를 찾아 그 밑에 초를 켜놓고 차려간 음식을 대충 풀어놓고 산을 향해 머리 숙여 절을 몇 번하고는 돌아왔다.

어머니는 부처님은 물론 산신령님도 믿었다. 아니 어쩌면 산신령님을 더 믿으셨던 것도 같다. 항상 나보고는 산기도가 맞는다며 종각 때는 나를 위해 따로 산 기도를 해주는 무당 같은 분에게 연락을 취하곤 했다.

내가 어머니의 이런 행동과 조언을 그대로 따르고 거역하지 않아서인지 어머니는 내가 절에 다니는 여자와 결혼할거라 믿으셨다. 그러나 나는 지금 와이프를 따라 교회에 다닌다. 처음엔 성경책을 보면 거부감이 들었고 신혼 초에는 와이프가 방에서 찬송가를 부르면 문을 닫고 나와 버렸다. 일요일이면 마지못해 와이프 손에 이끌려 교회에 나갔다.

지금도 핑계거리가 있으면 교회를 빠지려하는 선데이 크리스찬에 불과하다. 그래도 얼마 전 부터는 목사님 말씀을 귀담아 듣기도 하고 성경책도 유심히 살펴보며 예전처럼 마냥 졸고 있다가 오지는 않는다.

결혼초기에는 이런 생각을 하며 교회에 다녔다. 어머니는 부처님과 산신령님께 기도해 주고 와이프는 하나님께 기도해 주니 나는 모든 신들의 축복을 받을 것이다. 아니면 양쪽 신들에 대한 기도가 서로 상쇄가 되어 이도저도 아닐 수 있다는 생각도 해 보았다.

어느 쪽이 되든지 간에 나는 크게 신경 쓰지 않는다. 어머니는 절에서 행복을 찾으시고 와이프는 교회에 가서 행복을 찾을 수 있다면 말이다. 나는 결혼 전에는 절에 가서 행복했고 결혼 후에는 교회에 다니고 있으면서 행복하다. 그러면 된다고 생각한다. 나는 나와 내 주변사람들이 행복할 수 있다면 교회나 절이 아니더라도 상관없다고 생각한다. 그리고 조금씩 젊었을 때의 자신감이 약해져서인지 신의 존재에 의지하고 있는 나를 발견하기도 한다.

길지도 짧지도 않은 삶을 돌아보면서 지금까지 내가 지나온 길들이 온전히 내 능력만으로 된 것이 하나도 없다는 생각을 하게 되었다. 아니 어쩌면 내가 살아온 삶이 내 의지 보다는 우연과 타의에 의한 삶이 아니었나하는 생각을 하게 되었다.

나는 내 나름대로 열심히 흘러간다고 했지만 어딘가에 이르러서는 소용돌이에 휘말리거나 물웅덩이에 빠져서 잠시 머뭇거리기도 했었던 것 같다. 내 능력과 판단보다는 우연을 가장한 필연 속에서 나는 해매이며 그나마 여기까지 오게 되었다.

우연히 군내무반에 굴러다니는 책을 읽다가 대학갈 생각을 하게 되고 무심코 신문을 보다가 증권회사도 다니게 되고 부동산도 차리게 되었다. 아무리 생각해봐도 내 의지만으로 이뤄진 것은 아무것도 없었던 것 같다. 그 어떤 주어지는 환경 속에서 나는 그저 반응 했을 뿐이다. 그리고 그 환경이란 내 능력 밖의 힘에 의한 것이었고 단 한 번도 그냥 지나쳐 버리지 않았다. 그래서 나는 신을 믿는다.

신이 있지 않고서는 이렇듯 정확하고 짜임새 있게 세상이 돌아가지 않을 것이다. 지금의 내 모습은 내 모든 과거의 총합이라 믿고 결과는 단 한 번도 거짓을 말하지 않았다 믿는다. 동네 부동산을 하나 차려 놓고 있지만 지금 내가 할 수 있는 최고의 자리에 가져다 놓으셨다고 생각한다.

그러나 그분이 하나님인지 부처님인지 산신령님인지는 나는 모른다. 다만 그분은 있고 나를 지켜보고 있다는 사실을 믿을 뿐이다. 그리고 나는 그 가르침을 믿는다. 성경의 말씀과 부처의 말씀은 우리가 어찌할 수 없는 진리임을 믿는다.

세상에는 여러 형태의 종교가 있어 사람들에게 안식과 평안과 행복을 가져다준다. 다양한 사람들이 있듯이 다양한 모습의 종교가 있고 믿음이 있다. 난 그 모든 종교가 옳다고 믿고 싶다. 적어도 그곳에서 진정한 행복을 찾을 수 있다면 말이다.

그래서인지 난 교회에 다니지만 완전히 '나이롱 신자'다. 그저 일요일에 아이들과 손잡고 오가는 길이 즐겁고 목사님 말씀이 좋고 교회 사람들이 좋아 와이프에게 이끌려서 나갈 뿐이다.

3. 형제에 관하여

큰형이 밉다. 아버님의 유산을 물려받은 지 꼭 십년 만에 집안 전 재산을 모두 날려 버렸기 때문이다. 아버님의 유산뿐만 아니라 어머니의 쌈지 돈까지도 모두 빌려가 없애 버리고 지금 어머니 집까지도 대출을 받아 어머니 생활을 어렵게 하고 있다.

처음에는 그 많은 재산을 어떻게 제대로 한번 써보지도 못하고 그렇게 허망하게 날릴 수 있는지 의아해했다. 그러나 이년정도 같이 사업을 하다 보니 그럴 수도 있다는 생각을 하게 되었다. 형은 불행히도 너무나 착하기만 했다. 그동안 어떻게 사업을 해 왔는지가 신기할 정도로 형은 경제관념이 없었고 그 신기함은 결국 돈이 말해주고 있었다.

IMF때 집안이 거덜 나게 생겼을 때도 형은 외제차를 사지 못하는 자신을 안타까워했고 버젓이 해외로 피서를 떠나기도 했다. 그런 형의 대책 없는 성격을 보며 울화가 치밀기도 했으며 하루라도 빨리 형이 더 어려워져 돈의 소중함을 깨우치기를 바라기도 했다. 그래서인지 가끔씩 내 생활이 어렵고 힘들 때면 태평한 형에 대한 미움이 스쳐 지나가기도 한다.

주위에서도 나보고 그런다. 네 형이 아버지가 상속해준 네 빌딩과 집안 전 재산을 다 날렸으니 열 받지 않냐고…. 지금 생각해 보면 분통이 터질 만큼 큰 재산이었고 너무 어이없게 날린 것에 몸서리가 쳐지기도 한다.

그러나 내 재산을 없앴다고 형을 원망하거나 그냥 빌딩들이 남아 있었으면 하고 생각해 본적은 없다. 아니 내 재산이라는 생각을 해보지 않았을 뿐더러 오히려 조금은 부담스러워했던 것이 사실이다.

이런 생각을 가지고 있어서인지 그런 질문을 받을 때면 나는 이렇게 대답하곤 한다. 오히려 나는 형덕분에 벤처기업도 해보고 증권회사도 다녀보고 부동산도 하게 되어 너무 기쁘다고…. 처음부터 내 것이라 생각해 본적이 없었다고 말이다. 그리고 다 쓰러진 형 회사에서 와이프를 만났으니 어쩌면 형의 실패는 나의 성공으로 점철되어져 있는지도 모른다.

IBG에 들어가 1년간은 엄청 싸웠다. 생각의 차이가 심했고 부모재산이 아무리 많아도 시간문제구나 싶었다. 모든 사람들에게 호인소리를 들으며 자선사업을 하는 듯했다.

좋은 아들, 좋은 남편, 좋은 아빠이자 형이었지만 좋은 사업가는 아니었다. 그래서인지 천천히 어려워지는 형을 보면 안쓰럽기도 하지만 젊은 날 자신이 쓴 만큼 갚고 있는 것이란 생각을 해본다.

둘째형은 더욱 만만치 않다. 평생을 백수건달처럼 살고 있으니 말이다. 그래도 얼굴을 마주하면 결코 미워할 수 없을 만큼 정이 가고 착하다. 어머니는 이런 작은형을 어려서부터 욕심이 없어 착하다고 했지만 이점이 가장 큰 문제였던 것 같다.

둘째라 위아래로 치여 천성이 자신의 것을 챙기는 것에 익숙하지 않아서인지 욕심이 없는 만큼 책임감도 없다. 우린 어려서부터 너무 욕심 없는 착한아이에 길들여지고 있다는 생각을 해본다. 우리 형들은 모두 욕심 없는 착한아이였기에 나는 항상 형들보다는 욕심 많은 나쁜 아이라는 콤플렉스를 가지고 자랐다.

그리고 부모들도 그런 착한아이를 강요하지만 결국 사회에 나와 보면 그렇지 않은 경우가 많다. 욕심은 곧 자신의 일과 가족의 대한 욕심으로도 이어져 책임감이 더 커지는 경우가 많은 것 같다. 그래서인지 나는 착한 사람보다는 욕심 많은 사람에게 더 많은 점수를 주고 싶고 우리 아이들도 그렇게 커주기를 바란다.

그러나 나는 형들을 사랑할 수밖에 없다. 나는 이렇듯 비난하지만 그들은 동생을 위해서라면 어떤 희생도 마다하지 않을 착한 사람들이란 사실을 알고 있기 때문이다. 그리고 어쩌면 나의 이 잘난 이야기를 위해 기꺼이 희생을 하고 있는지도 모른다는 생각이 들기도 한다.

주위의 형제가 많은 집들을 살펴보면 같은 부모 아래서 태어나 자랐어도 제각각의 성격을 가지고 정반대의 삶을 살아가는 형제들이 많다. 마침 내 대학 동창 중에 단짝 2명이 있는데 모두 삼형제 중에 막내이다. 형들의 나이터울도 비슷해 대학교 때부터 형들 이야기를 주고받으며 비교도 하고 관심을 가져 왔다.

최근에 그 친구들에게 형들 이야기를 전해 들으면서 조금은 괴상한 논리로 나를 위로하기 시작했다. 한 친구는 첫째형이 사업가로 크게 성공했고 둘째형은 사업을 하다 완전 망했고 내 친구는 평범한 직장인이다. 또 한 친구는 첫째형과 둘째형이 모두 좋은 직장에서 잘나가고 있고 내 친구는 잘 풀리지 않고 있다. 나는 첫째형은 사업을 하다 망했고 둘째형은 백수이다. 그렇다면 나에게 확률이 있는 것이 아닌가 하는 생각을 하게 되었다.

사람마다 고통과 행복의 총량이 인생 전체를 통해 똑 같다면 어쩌면 형제나 가족에게 있어서도 그럴 수 있다는 생각을 하게 되었던 것이었다. 그리고 더 나아가서는 사회 전체를 통해서도 그런 조화가 있을지도 모른다는 생각을 해본다. 이것이 바로 우리가 우리 형제들에게 고마워해야 하고 못난 형제와 이웃을 측은해 하며 보듬어야 하는 이유가 될 수 있을지도 모른다.

나는 이렇게 나를 위로하고 형들을 사랑하려 한다. 그리고 사회에서도 나와 다른 사람들이 있기에 내가 존재 할 수 있다는 마음으로 살아가고 싶다.

4. 친구에 관하여

나에게 진정한 친구가 얼마나 많은가를 생각해 본다. 많기는커녕 거의 없는 것이 아닌가 싶다. 아니면 내가 너무 거창하게 친구의 정의를 내리려 하는지 모른다. 내 대신 죽어줄 수 있는 정도의 친구를 진정한 친구라 생각하나 보다. 그런 것이 아니라면 나에게 친구는 많다.

나이가 들면서 더욱 주변의 친구들이 소중하게 느껴지고 나에게 큰 기쁨과 행복을 가져다주는 사람들이란 사실을 새삼 깨닫게 된다. 세월이 갈수록 더욱 친구들은 크게 내 삶의 한 부분을 차지하게 될 거라는 생각이 들기도 한다.

어릴 적 초등학교 친구들, 중고등학교 친구들, 대학 친구들, 사회 친구들, 와이프 친구들…. 이들과 가깝게 더 많은 기쁨을 주고받으며 살기위해서 우리는 이 삶에서 치열하게 살아가고 있다는 생각을 해본다.

내가 삶에 자신이 없어지고 약한 모습이 되어갈 때 내 스스로 친구들을 멀리하게 됨을 느끼게 되기 때문이다. 누구에게라도 좋은 친구가 될 수 있도록 노력하고 진정한 친구를 찾기 보다는 내가 진정한 친구인지를 돌아보면 될 것이다. 그리고 진정한 친구란 목숨을 거는 친구가 아닌 행복을 주는 친구가 진정한 친구란 생각을 해본다.

매년 가을마다 내가 나온 고등학교에서 총동문 가을 운동회를 한다. 작년에 처음 참석해 보았는데 우리 82회 동창친구들은 10명 정도 밖에 나오지 않았고 매년 이정도 나온다는 얘기를 들었다. 그런데 올해 가보니 60명이 넘게 나왔고 같은 반이 아니었어도 말을 놓으며 금세 친해지는 걸 느낄 수 있었다. 젊어서는 먹고 사냐고 바빴던 것 같다.

주위를 돌아볼 시간도 친구를 찾아볼 생각도 없이 저마다의 꿈과 현실을 오가며 분주히 살아왔었나 보다. 마흔을 넘어 가면서 친구들은 서서히 주위를 돌아보고 있는 것이 아닌가하는 생각이 들었다.

초등학교 친구들은 한수 더 뜬다. 얼마 전 친구를 통해 초등학교 동창카페에 가입하게 되었다. 들어가 보니 어찌나 반갑고 보고 싶은 얼굴이 많았던지 얼마 전에 있었던 정기모임에 나가보고는 깜짝 놀랐다.

어찌나 얼굴대로들 살고 있고 어쩌면 그렇게 그때의 모습들이 되살아나던지 신기하기만 했다. 삼십 여명에 가까운 남자아이들과 여자아이들은 마흔을 훌쩍 넘겨버린 나이를 잊은 듯 삼십년 전의 초등학교 그 시절로 돌아가 있었다.

새벽녘까지 그렇게 기분 좋게 술을 마시며 즐거워했던 때도 많지 않았던 것 같다. 초등학교 놈들은 명함이 필요 없었다. 서로에 대해 별로 궁금한 게 없었고 그저 그때 그 시절로 돌아가 마냥 즐거워만 했다.

언제 어느 때 만나도 다시 그 시절로 돌아가 그 친구를 대할 수 있다는 사실은 굉장한 즐거움으로 다가온다. 나이가 들어 흰 머리카락도 제법 있고 중후한 멋이 보이는 중년의 신사가 내 어렸을 적 친구라는 사실만으로도 너무 흐뭇해진다. 그리고 어렸을 때의 모습을 떠올리며 대견해 하기도 한다.

이런 감정은 아마도 나만의 감정만은 아닐 것이다. 그러기에 나이가 먹어갈수록 사람들은 어렸을 적 친구들을 찾게 되는가 보다. 내가 찾았던 또 하나의 행복은 친구의 따뜻한 시선과 나를 믿어주는 말 한마디에서 왔던 것 같다. 친구들이 나를 그렇게 부르고 바라볼 수 있도록 노력하고 싶다. 그래서 그런 친구들을 주위에 많이 가지고 싶다.

비록 지금은 내가 많이 부족하고 이기적이어서 잘하지 못하지만 언젠가는 조금씩 흉내를 내며 살 수 있을 것이다. 살면서 자꾸 느끼게 되지만 행복이란 것이 대단한 것에서 오는 경우는 별로 없었다. 주변의 친구들을 통해서 소소하게 전해져 왔던 것이 아니었나 싶다.

친구를 통해서 인생의 큰 전환점을 맞게 되는 경우도 있다. 대학 동창 중에 한명이 내 와이프와 가장 친한 교회언니와 결혼을 했다. 우리가 소개 해준지는 6년이 훨씬 넘었는데 2년 전에 비로소 결혼을 하게 되었다.

연애할 때는 서로가 시큰둥해 하며 헤어지기를 반복해 한번인가를 더 만나게 주선을 해주었다. 그러다 다시 헤어진지는 2년이 다되어가고 있었다. 그러던 중에 두 사람의 근황을 알고 있던 나는 마지막이란 심정으로 다시 다리를 놓았는데 두 달 만에 결혼을 하게 되었다. 그리고 지금은 어찌나 행복해하며 예쁜 딸아이를 낳고 잘살고 있는지 부럽기도 하면서 한편으론 우리부부 덕이라며 공치사도 해본다.

그런데 가만히 생각해 보니 내덕이 아니고 그 사람들의 복이란 생각이 든다. 그 사람들의 운명의 힘에 내가 반작용했을 뿐이고 그들은 어차피 서로를 만나서 살게 되었을 것이란 생각도 든다. 그렇지 않고는 그토록 천생연분일수가 없을 것이다. 그리고 그 덕분에 우리 부부도 더욱 행복해 졌다. 작년에는 그 친구가 제주도에서 신혼살림을 하면서 우리 부부를 초대해 즐거운 여름휴가를 보낼 수 있었다.

그리고 얼마 전에는 덕소로 이사를 와서 우리 가족에게 더 많은 즐거움을 선사해 주고 있다. 덕소는 우리 집에서 차로 30분이면 닿을 수 있는 가까운 거리에 있지만 왠지 교외에 나온 기분을 만끽할 수 있다. 이 친구 부부는 무슨 덕소에 행사가 있을 때마다 우리 가족을 호출해 서울살이에서는 맛볼 수 없는 정경들을 선사해 준다.

그 친구 집에서 주말저녁 실컷 놀다가 새벽녘에 차를 몰고 강변북로를 달려오며 한강을 바라볼 때면 사는 게 별거 없다는 생각이 슬며시 찾아오기도 한다. 나도 그 친구 내외처럼 주변 친구들에게 행복을 줄 수 있는 친구의 모습으로 살아가고 싶다. 그리고 그것이 진정한 친구의 모습이라 생각한다.

5. 전문가에 관하여

부동산을 하다 보니 손님들이 찾아와 나를 부동산 전문가라 생각하는지 이것저것 물어보는 경우가 많다. 내 아파트가격이 오를지 떨어질지… 언제 사는 게 좋은지… 앞으로 부동산 전망은 어떤지… 어디를 사야 좋은지… 그럴 때마다 참 난감하고 미안한 마음이 든다.

왜냐하면 나도 모르기 때문이다. 동네 부동산에서 전월세나 매매를 하고 있을 뿐이지 내 스스로 내가 부동산 전문가라 생각해 본적도 없고 사실이 그렇지 못하기 때문이다. 아마도 내가 게으르고 능력이 없고 열심이지 못하여 그럴 것이다.

그런데 사실 눈앞의 아파트를 거래하면서도 최고점이라 생각하며 미안한 마음으로 사주고 나면 더 오른 것이 다반사이다. 그리고 그 과정은 지금도 계속되고 있다.

몇 년 전까지도 5억 하던 아파트가 언젠가부터 8억을 넘었고 1억에 거래된 빌라가 1년도 안 되어 2억에 사겠다는 사람이 있어도 물건이 없다. 중개를 하면서도 어이가 없고 아쉬운 생각이 든다. 돈도 없지만 이렇게 오를 줄 알았으면 내가 전세나 대출을 끼고 샀더라면 하는 생각이 절로 든다. 이러다보니 나는 단지 중개사 일뿐임을 절감하고 진정한 부동산 전문가는 과감히 부동산에 투자했던 일반인들이란 생각을 하면서 2006년을 보내고 있었다.

그리고 우리가 아는 어떤 분야에 전문가라는 사람들도 나와 크게 다르지 않은 경우를 종종 발견할 때가 있다. 최근에는 부동산 토지분야에서는 상당히 알려진 전문가 한분이 어려움을 겪고 있다는 사실을 그분과 공동 투자한 친구를 통해 들을 수 있었다.

나도 그분에 책도 읽어보고 강의도 들어봤지만 역시 전문가라 불리기에 손색이 없는 해박한 지식과 투자 노하우를 가지고 있었다. 그러나 그분도 유명세와 토지 붐을 이용하여 펀드를 조성해 투자를 했다가 부동산정책이 바뀌면서 낭패를 보고 있었다. 그리고 주식시장은 이런 경우가 더 많은 것 같다.

내가 다니던 증권회사 지점장은 한동안 선물옵션분야의 전문가로 인정을 받았다. 그러나 내가 퇴사한 후 3년이 지나 그 지점은 문을 닫았고 지점장 또한 어려워졌다는 소식을 들을 수 있었다. 그리고 같이 근무했던 투자상담사들이나 다른 증권회사에 있던 친구들 근황을 보면 예외가 없을 정도로 증권업계의 전문가들은 수난을 겪고 있다. 어쩌면 그들은 진정한 전문가가 아니었는지도 모른다. 각 분야마다 진정한 전문가들은 수도 없이 많을 것이다.

나도 이제 그런 전문가가 되어야 함을 느낀다. 내 사업을 하면 나는 변할 거라 믿었지만 별로 그렇지 못하다. 이러다가 이곳에서 이렇게 평생 안주해 버릴지도 모른다는 불안에 휩싸이기도 한다.

자격증이 전문가를 만들어 주지 않듯이 그 업을 한다고 해서 전문가가 되는 것은 아닐 것이다. 전문가가 다 성공하는 것도 아니지만 성공한 사람이 전문가가 아닌 사람 또한 없을 것이다. 그러기에 나는 먼저 전문가가 되어야 한다. 물살에 떠밀려 내려오며 느꼈던 그 안락함은 이제 잊어야 할 것 같다. 흘려버린 시간만큼 나는 다시 시간의 물살을 헤치며 올라가야 됨을 느낀다.

시간의 추를 가지고 그 사람의 생각과 육체를 저울질하는 전문가의 존재를 믿고 나는 나에게 밀어 넣어야 한다. 그런 연후에 나는 전문가의 손길을 기다리면 될 것이다. 선수는 선수를 알아본다고 하였던가. 그야말로 선수가 되어야 한다. 선수가 된 연후에 선수를 알아보지 못하는 시간을 탓해도 그렇게 늦지는 않을 것이다.

6. 부자에 관하여

부동산을 하다 보니 사무실 임대를 놓으면 부동산 중개료를 받는다. 그런데 건물주들이 중개료를 후하게 주는 경우는 많지 않다. 중개를 하고 나면 머리를 절레절레 흔들게 되는 건물주들일수록 큰 부자인 경우를 보게 되는 경우가 많다. 그야말로 그들은 잔돈푼에 연연하고 자신의 기준을 끝까지 관철시키고야 만다.

과도한 욕심 때문에 장기적으로는 손해를 보는 경우도 종종 있다. 지나치게 무리한 월세를 요구하며 끝까지 가격조정을 해주지 않아 1년 넘게 점포나 사무실을 비워 놓게 되는 경우가 그렇다.

그래서 주변에 수군거림과 비웃음을 당하기도 한다. 그러나 그들은 그런 것조차도 대수롭지 않게 생각하고 돈을 위해서라면 기꺼이 감수할 준비가 되어있다. 아니 감수라기보다는 아애 남들 시선은 전혀 관심밖인 것이 틀림없다.

나는 어느 정도 돈을 사랑하고 있는지 생각해 본다. 부자가 되기에는 너무 체면과 이목을 생각하고 있는지 모른다. 한 가지는 감수해야한다. 지독해지든지 평범하게 살아가든지….

이미 내 유전자속에는 돈은 언제나 있는 것, 없으면 이상한 것… 쉽게 벌수 있는 것… 이런 정보들이 조작되어져 있음을 깨닫곤 화들짝 놀란다. 이대로라면 나는 돈을 벌지 못할 것이고 돈이 있으면 이상한 사람이 되고 돈은 언제나 없을 것이다.

대부분의 부자들은 돈에 대하여는 이렇듯 지독한 경우가 많다. 돈에 최우선의 가치를 두다 보니 시간이 지나면 돈은 남아 있기 마련이다. 그러나 그 정도가 심할 경우에는 돈만 있고 사람이 남아 있지 않은 경우도 있는 것 같다. 그리고 어쩌면 떠난 사람 중에는 타인은 물론 자신의 가족들도 있을지 모른다는 생각을 해본다. 그래도 돈만 있으면 행복하다는 사람들도 있다. 정답은 없다.

그렇다 할지라도 그런 부자들이 진정으로 행복하거나 성공한 경우는 많지 않은 것 같고 그 가족 또한 마찬가지 일 것이다. 조금은 극단적인 상황일지 모르나 주변을 살펴보면 어렵지 않게 이런 부자들을 발견할 수 있다.

우리 부동산에 일주일에 한번 씩 오시는 할아버지가 있었다. 양손에는 항상 커다란 비닐봉지에 온갖 쓰레기들을 가득 주어 담고 등에는 빈 페트병과 폐지들이 터져 나올듯한 가방을 메고 오신다.

한겨울에도 변변치 못한 옷들을 여러 겹으로 껴입고 계셨고 군밤장수 모자는 할아버지의 얼굴을 절반이상 가리고 있다. 처음 부동산 문을 밀고 들어오실 때는 영락없는 거지였기에 우리 부부는 그 할아버지를 거지할아버지라 불렀다.

그러나 깊숙한 모자 안으로 보이는 반짝이는 눈빛에 보통 거지는 아닌 것 같아 친절하게 응대해 드렸다. 그래서인지 할아버지는 일 년이 넘게 우리 부동산에 들르셨고 조금씩 할아버지의 평범하지 않은 인생사를 들을 수 있게 되었다.

그 할아버지는 우리 부동산 길 건너에 대지가 100평이 넘는 집을 갖고 계신다. 집 앞에 도로가 넓고 상권이 형성되어 있어서 평당 삼천만원을 호가하는 위치에 있다. 그러나 그 집은 20년 가까이 비워진 채로 방치 되어 있고 일주일에 한 번씩 우편물을 수거하러 오시는 것이 전부이다. 본인은 서울대를 나오시고 국책은행 미국지사의 지점장으로 은퇴를 하셨다고 하신다.

그래서인지 여든이 가까우신 나이에도 지금도 매일 영어로 일기를 쓰시고 꿈도 꾸신다고 한다. 할아버지 말로는 자신은 우리나라의 천재가 아닌 세계적인 천재라 하신다. 군 제대 후 1년 만에 영어·수학 만점으로 서울대에 입학하시고 입학 후 경제원론책 원서를 사서 한번 읽고는 두 번째는 도저히 시시해서 읽지 못하셨다고 한다. 성경책도 영문으로 한번 읽고는 목사님들도 놀랄 정도로 문장과 구절이 정확히 기억이 나신다고 하신다.

이렇게 화려한 경력과 부와 능력을 가지신 분이 왜 거지의 행세로 살아가고 계실까 내 궁금증이 커지지 시작했다. 그래서 오실 때마다 조금씩 가정사를 물어 보게 되었고 말 상대가 없으셨던지 들어오시면 1시간씩은 족히 이야기 보따리를 풀고 가셨다.

그렇게 나는 조금씩 그 이유를 찾아 나가기 시작했다. 능력과 재물과 경력이 부자여도 사람이 없기에 거지가 되셨던 것 같다. 너무나 똑똑한 머리로 계산을 하고 남에게는 일말에 기쁨을 주지 않으려 하셨기에 거지가 되셨던 것 같다. 사람이 없기에 허기가 지셨고 그러기에 온갖 쓰레기를 주워 모아 그 허기를 채우려 하셨던 것 같다. 사람에 대한 연민이 없으셨기에 거지가 되셨던 것 같다.

그리고 사람만큼이나 신을 믿지 않고 미워했기에 거지가 되셨다. 사람의 사랑에 거지 되어 거지가 되셨던 것이 분명하다. 그 할아버지의 인생사를 다 열거할 수는 없지만 내 결론은 그랬다. 지금도 그 할아버지는 큰 부자이다. 그러나 그 할아버지는 거지임에 틀림없다.

할아버지는 손자를 10년이 훨씬 넘어서야 얼마 전 처음 보셨다고 한다. 미국에 나가 살던 외아들이 한국에 잠깐 들른 동안 본 것이 전부란다. 자신을 거역하고 목사가 되려 했던 아들과 인연을 끊었기 때문이다. 아들을 설득하기 위해 성경을 읽었고 지금도 성경책의 허점들을 정확히 구절구절 지적해 내신다.

할머니와 두 분이 사시는데 서로 말을 안 한지가 이십년이 넘었고 말할 것이 있으면 메모를 넘겨주신다고 한다. 어찌나 머리가 돌대가리인지 말만 했다 하면 칼로 찔러 죽이고 싶어진다고 하신다. 그러니 할머니도 밥 한번 차려 주신 적이 없다고 한다.

할아버지는 그 누구도 자신으로 하여금 기쁨을 느껴서는 안 되는 엄청나게 좋은 머리를 갖고 계신 것 같았다. 기쁨을 안주려 했다기보다는 자신을 조금도 이용하지 못하게 하셨던 것 같고 자신의 생각만이 정답이었다. 사람을 믿지 못하니 그 집도 임대를 놓거나 매매를 할 수가 없었다. 그러다보니 머리가 비상한 만큼이나 사람에 대해서도 비상한 거지에 되어 있었다. 사람에 거지가 되니 그 허함을 메우려 무엇이든 주워 채우려 하셨다는 결론에 도달할 수밖에 없었다. 그리고 그 채워지지 않는 갈증은 아마도 사랑이었을 것이다.

비록 물질에 거지는 아니고 사람에 거지가 되었지만 행색은 결국에 우리가 아는 거지의 모습이었다. 정도의 차이가 있겠지만 진정한 부자가 되고 싶다. 물질과 사람에 부자가 되고 싶다. 그리고 그 사람에 부자는 한사람만의 진정한 사랑으로도 부족하지 않을 거라는 생각을 해본다.

"미정아 어머니한테 그러지마… 네가 어머니한테 그러면 언젠가는 나한테도 그렇게 할지 몰라."

"…."

와이프가 장모님하고 싸우고 자기 엄마에게 못되게 굴려고 하면 나는 이렇게 말하곤 한다. 다른 가족들과 싸우고 나면 남편을 내편으로 만들려고 일시적으로 더 잘하는 면도 없지 않다. 그리고 주변사람을 멀어지게 함으로써 둘 사이가 더 가까워지는 듯한 착각에 빠지기도 한다. 때론 자기 부모나 형제와 사이가 너무 좋은 것을 보면서 내 사랑을 뺏

긴다는 이상한 시기심이 생기기도 한다.

과연 그럴까 생각해 본다. 내 자신을 돌아보면 나는 내가 친구들에게 하듯이 내 형들에게 하고 어머님에게 하듯이 와이프에게도 한다. 이웃에게 하듯이 직장동료에게 하고 와이프에게 하듯이 장인장모님께도 한다. 그리고 결국에는 이웃에게 하듯이 자신의 가족에게 하고 가족에게 하듯이 자기 자신에게도 한다.

그래서 누가 나에게 너무 심한모욕을 준다든지 분노를 느끼게 하면 저 사람은 자신의 가족에게도 저렇게 할 것이라고 위안을 해보면 금방 마음이 풀리기도 한다.

아마도 그럴 것이다. 관계란…. 관계란 결국은 나에게서 출발되는 것이 아닌가…. 상대방에 따라서 내가 좋은 사람이 되기도 하고 나쁜 사람이 되기도 한다. 그래서 상대를 비방하고 남을 탓하기도 한다. 은혜를 원수로 갚는 사람도 있고 원수를 은혜로 갚는 경우도 있다.

그렇지만 나에게서 시작되는 내 모습과 그들을 상대하는 내 마음은 언제나 내 것일 수밖에 없다. 그래서 저 사람이 나중에 나에게 어떻게 할까를 알고 싶다면 지금 저 사람이 자신의 주변사람들에게 어떻게 하고 있는가를 살피면 틀림이 없을 것이다. 그리고 그 사람은 남에게 하듯이 자신에게도 똑같이 하게 된다.

그래서 남을 행복하게 만드는 사람은 자신을 행복하게 만들게 되고 남을 불행하게 만드는 사람은 결국은 자신이 불행해지는 것이다. 사회에서 성공하는 관계를 만들고 싶다면 먼저 자기 자신과의 관계에서 성공해야 할 것이다. 그러기 위해서는 자기 자신을 먼저 사랑하는 사람이 되어야 한다.

자신을 사랑한다면 자신의 육체와 정신을 위해서 애정을 표현하게 될 것이다. 이렇게 시간이 흐르면서 조금씩 자신과의 관계에서 성공해 나갈 때 사회적 관계의 성공이라는 것이 따라오는 것은 아닌가 생각해 본다.

그런데 관계가 그렇게 말처럼 쉽게 되는 것은 아니다. 우리는 완전하지 못한 사고와 감정을 가진 동물인지라 작은 오해로 상대를 미워하고 원망하기 일쑤이다. 언제나 내 생각만을 할 수밖에 없는 우리는 자기의 기대와 다르게 행동하는 상대를 이해하기란 쉽지가 않다.

그래서 관계는 언제나 가만히 내버려 두면 원망하거나 무관심해지는 습성이 있는 것 같다. 그것도 가장 많은 관계를 하게 되는 사람과의 사이에서 말이다. 부부사이도 내버려 두면 서로를 원망하거나 무관심해지고 가족 간에는 더욱 그런 것 같다. 그래서 주위를 둘러보면 가장 큰 원망과 미움을 가진 상대는 결국 자신과 가장 많은 관계를 가졌던 사람들인 경우가 대부분이다.

너무나 당연한 말이지만 그러기에 가장 안타까운 것이 사람과 사람 사이의 관계이다. 왜 가장 가까워야 되는 사람들과 우린 원망하고 미워하게 되는 것일까? 아마도 나를 포함한 대부분의 사람들은 그 원인을 상대방에게서 찾고 있을 것이다.

나와 생각과 행동이 다를 때 답답해하고 한심스러워 하다가 그것이 내 이해와 충돌할 때에는 미워하고 원망하게 된다. 그래도 상대를 존중하는 사람은 그러한 우를 조금은 피해 나갈 수 있을 것이다.

그리고 그런 사람이 되기 위해서는 자신의 부족함을 아는 겸손한 사람이 되어야 할 것이다. 자신의 부족함을 안다는 것은 그 만큼 자신을 사랑한다는 뜻이고 그 사랑만큼을 채우기 위해서 우리는 노력하게 된다. 결국에는 자신을 사랑하는 사람이 관계에서도 성공하게 된다는 똑같은 결론에 도달하게 된다. 인생의 성공과 행복은 결국 자신과 관계에서 시작된다는 생각을 해보게 된다.

얼굴대로 가는 팔자를 생각해 본다. 사람의 얼굴은 그 사람을 말해준다. 눈썹은 그 사람의 야망을, 코는 그 사람의 부를, 눈빛은 그 사람의 정신을, 입은 그 사람의 의지를, 귀는 그 사람의 인간관계를, 얼굴 형태는 그 사람의 인생항로를, 손과 발, 어깨, 체형, 목소리… 어느 것 하나 그 사람을 대표하지 않는 것이 없는 것 같다. 타고나기도 하고 살면서 만들어지기도 한다.

역시 얼굴은 밝은 것이 좋다. 어렸을 적 친구들 근황을 접하다보면 참 얼굴처럼 살고들 있구나 하는 생각이 든다. 공부를 잘하고 좋은 대학을 갔던 친구들도 얼굴이 어두웠던 친구들은 왠지 잘 풀리지 않고 있는 것 같고 공부를 못했어도 얼굴이 밝았던 친구들은 지금도 그렇게 살고 있는 것 같다.

얼굴을 보면 그 사람 팔자를 알 수 있는 것일까? 아마도 그럴 것이다. 얼굴은 이미 그 사람 과거의 모든 정보를 말해주고 앞으로 나아갈 방향을 알려주고 있을 것이다. 다만 그 정보를 읽어 내고 방향을 가늠하는 것은 별개로 하고 말이다.

그렇다고 이미 생겨진 얼굴대로 살 팔자라 체념할 필요는 없다. 얼굴은 하루저녁사이에 도박꾼에서 사업가로 직장인에서 작가로 바뀌어 질 수도 있다. 엊저녁에 내가 도박을 했다면 도박꾼 쪽으로 조금 변했을 것이고 글을 썼다면 작가의 얼굴로 조금은 변했을 것이다.

이렇게 하루하루 자신의 얼굴을 만들어 나간다면 자신이 원하는 사람의 모습으로 만들어 나갈 수 있을 것이다. 그러다 보면 자신의 팔자는 자신이 만들고 있다는 확신을 얻게 될 지도 모른다. 얼굴이 밝아지기 위해서는 모든 상황을 긍정적으로 받아들이는 습관이 필요하다. 나에게 닥치는 모든 상황은 다 나를 이롭게 하기 위한 하나의 과정이라고 무조건 믿는 것이다.

벌이 오면 뭔가 잘못이 있었다고 믿고 상이 오면 그동안 잘한 일도 있었다고 믿으면 될 것이다. 긍정적으로 생각하면 인상이 밝아지고 인생도 밝아진다. 얼굴이 웃다보면 마음도 웃고 인생도 웃게 될 것이다.

누군가 그랬다. 행복해서 웃는 것이 아니고 웃어서 행복해지는 것이라고… 나도 이 말에 동감하며 나아가 이렇게 말하고 싶다. 행복한 사람이 행복하다고 하는 것이 아니고 행복하다고 말하는 사람이 행복해지는 것이라고….

팔자는 타고 난다고 한다. 사주팔자란 있는 것일까? 내가 태어난 순간에 우주에 기운이 내 몸에 입력되는 것일까. 그리고 나는 그 기운에 따라 살게 된다는 말인가. 믿기에는 너무나 무서운 얘기 같지만 나는 믿고 싶다. 그래서 우린 점집을 찾아다니기도 한다.

우리 부동산 위에 점집이 하나 있었다. 모녀가 하는 점집인데 용하다고 소문이 나서인지 더 좋은 곳으로 넓혀간다고 점집을 내놓았다. 두세 달이 지나도 점집이 나가지 않자 점을 보시는 분이 내려와 어떻게 하면 빨리 나갈 수 있냐며 나에게 의논을 해왔다.

나는 권리금을 대폭 낮추어야 한다며 아무렇지도 않게 상담을 했다. 그러나 상담을 마친 후 나는 기분이 조금 이상해지는 걸 느꼈다. 그리고 한번쯤은 내 사주팔자를 묻고자 찾아가려 했던 마음을 접게 되었다. 보통 점집에 오는 분들 중에는 자기가게가 빨리 나가게 부적을 써달라고 오는 경우도 많을 텐데 정작 본인의 가게는 별수가 없었던 모양이다.

아마도 사람들은 자신이 불안하고 답답할 때 어딘가 찾아가서 물어보며 상담할 곳이 필요한 것인지도 모른다. 점을 치시는 그분도 그랬듯이 말이다. 사주팔자는 사람마다 있다고 믿지만 그것을 정확히 말할 수 있는 사람은 아무도 없을 것이다. 그냥 그 기운의 문제이지 사람살이의 문제는 아닌 것 같다.

이처럼 나는 팔자를 믿고 팔자라 치부하는 경향이 있지만 언제나 내

맘을 편하게 하기 위한 수단일 뿐이다. 팔자라 체념하지 않고 팔자인 고난을 받아들이며 더 나은 팔자를 믿고 만들어 나가려 한다. 그래서 결국에는 팔자가 좋은 사람이 되고 싶다.

2. 성적과 출세

성적이 좋으면 출세를 한다. 공부를 잘해서 성적이 좋으면 좋은 대학에 가고 좋은 대학에 가면 좋은 직장에 들어가고 좋은 직장에 들어가 열심히 잘하면 출세를 한다. 우리가 알고 있는 출세이다. 지금 우리 부모들이 아이들에게 쏟아 붓는 공부에 대한 열정은 아마도 이 출세를 위해서일 것이다.

공부를 잘하고 좋은 직장을 들어가는 경우에는 좋은 배우자를 만날 확률이 높아진다. 그리고 행복하고 성공한 삶을 살 수 있는 확률이 그렇지 못한 사람들 보다는 높아지게 된다.

그러나 꼭 그렇지만은 않은 것 같고 앞으로는 더욱 그 차이는 적어질 것이라 생각해 본다. 주변에 공부를 잘했던 고등학교 친구들 근황을 보면 중간에 있던 친구들이나 나처럼 뒤에서 놀던 친구들이나 큰 차이가 없는 것 같다는 생각이 들곤 한다. 오히려 좋은 대학에 가서 좋은 직장을 다녔던 친구들 중에 회사에서 나와 어려워진 친구들도 많다.

얼마 전에는 그 당시 학력고사에서 수학 만점을 맞고 좋은 대학을 나와 좋은 직장을 잘 다니던 고등학교 동창이 찾아왔다.

직장을 그만두게 되어 이직을 생각하다가 내년에 있을 공인중개사시험을 보려고 한다며 내 의견을 물었다. 다행히 이 친구는 남의 이목을 신경 쓰지 않았고 앞으로 10년 이상을 할 수 있는 직업이라며 기대에 부풀어 있었다.

또 다른 친구는 고등학교 때 밴드부 지휘를 하면서 그야말로 학교에서도 포기했던 날라리로 유명했던 친구가 있다. 그런데 얼마 전 동창 모임에 나가 음대교수가 되어 있는 모습을 보고 놀라며 신기해하기도 했다. 그 친구를 두고 동창들은 우리 교육계의 현실이라며 박장대소를 하기도 한다.

이렇듯 마흔의 중반으로 가고 있는 고등학교 때 친구들을 보면 그 당시 성적의 영향권에서 조금씩 벗어나고 있는 것을 볼 수 있다. 물론 판사나 변호사, 대학교수나 의사, 공인회계사가 된 친구들이나 좋은 직장을 잘 다니고 있는 친구들도 있다. 그러나 공부로 잘 풀린 몇몇 친구들을 둘러보아도 그렇게 만족한 삶의 모습은 아닌 것 같다. 변호사나 공인회계사가 된 친구들도 힘겨운 삶을 살아가고 있는 것이 현실이 아닌가 싶다.

의사나 대학교수가 된 친구들은 그래도 부모가 뒷받침 해주는 경우는 그런대로 괜찮아 보이지만 그렇지 못한 경우에는 별반 차이가 없어 보이기도 한다. 그래도 이들은 앞으로 시간이 지날수록 더 나은 사회적 자리매김과 대체로 다른 친구들 보다는 더 안정된 자리에 가 있을 것이다.

그렇게 공부로 출세를 하여 성공적인 삶을 살고 있다고 인정한다고 할지라도 그 확률 또한 너무 적다는 생각을 해본다. 그러기에는 너무나 많은 학부모와 학생들이 너무도 치열하고 힘겨운 싸움을 하고 있는 것 같아 안타깝다.

성적은 어쩌면 공부머리가 있으면 되는 것이고 그것은 어느 정도 부모가 물려주어야 한다고 생각한다. 유전자를 주었던지 아니면 그런 습관을 들여 주었던지 부모의 책임이 더 크다고 말하고 싶다. 그래서 자식이 공부를 못한다면 부모 자신을 돌아보아야 하고 자식에게 미안한 마음을 가져야 된다고 생각한다.

내가 너에게 얼마나 투자 했고 얼마나 희생을 하고 있는데 이정도 밖에 못하느냐는 식의 기대는 부모와 자식의 골을 깊게만 만들 뿐이다. 성적이란 그저 공부머리가 있는지 없는지, 그 아이가 자신의 목표를 향해 인내하는 능력과 의지가 있는지 없는지를 시험해보는 순위에 불과하다. 물론 그것은 그 사람을 판단하는 중요한 척도가 되기도 한다. 그러나 그것은 한 가지 기능에 불과하다.

그 사람의 인성이나 인격과는 아무런 상관이 없을 뿐만 아니라 성공이나 행복한 삶과도 부모들이 그렇듯 목을 맬 만큼의 상관관계는 없다고 생각한다.

올바른 교육을 통해 좋은 품성과 올바른 인성을 지니고 공부를 잘하여 이 사회에 조금이나마 보탬이 될 수 있는 아이로 커준다면 부모로서는 더할 나위가 없을 것이다.

그러나 지금 우리는 성적과 출세를 위해 더 중요한 너무 많은 것들을 놓쳐 버리고 있다는 생각을 하게 된다.

산꼭대기에 오르는 것은 성공이다. 성공을 하면 남들보다도 더 큰 행복과 희열이 있어야 하는데 그렇지 않은 경우가 많다. 설령 있다 할지라도 일시적일 수밖에 없다. 그래서 사회적으로 성공한 사람들 중에 기대했던 더 큰 행복을 쫓거나 공허한 마음을 채우려 일탈을 시도하게 되는 경우를 종종 보게 된다.

성공보다는 성공을 왜 하려하는지에 더 많은 고민이 있어야 될 것이다. 성공한다고 행복이 당연히 따라오는 것은 아니기에 행복에 성공하기 위해서는 성공만큼이나 노력이 뒤따라야 할 것이다.

성공은 내가 행복해지기 위해서이다. 내가 행복해지기 위해서는 내 주위를 기쁘게 할 수 있어야 되고 그러기 위해서 나는 성공해야 되는 것이다.

예전에는 남자가 가정에 충실한 것이 못나 보이던 시절이 있었다. 남자가 사회에서 성공하려면 가족정도는 희생할 수 있어야 된다고 피력하던 대기업 회장님도 계셨다. 이십대 초반이었지만 나는 그분의 책을 읽으며 난감해하던 기억이 난다.

그분은 열심히 일했고 자신의 꿈을 위해서는 그 정도의 감수는 당연한 것이라고 했다. 그러나 결국에 그 그룹은 해체되었고 그분도 힘겨운 노년을 보내고 있는 것 같다.

아무리 많은 일을 하였어도 꼭 해야 할 일에 가치를 두지 않았기에 진정한 성공과는 멀어졌다는 비약을 해본다. 그분은 행복보다는 성공에 더 큰 가치를 두었던 것 같다. 성공할 수만 있다면 작은 행복들은 마땅히 희생되어져야 한다는 믿음을 가졌고 그렇게 사업을 키워 나갔다. 그렇게 하면 남들보다 조금은 빨리 자신이 원하던 정상으로 갈수 있을지는 모른다.

그렇다 해도 그 말로는 대기업일지라도 그리 성공한 모습으로는 보이지 않고 가정은 더더욱 그럴 것이다. 결국 작은 행복을 희생한 큰 성공은 궁극적으로 성공조차도 온전한 성공일수 없다는 것을 말해 주는 것이 아닌가하는 생각을 해 본다.

다행히 얼마 전 그분의 인터뷰 기사를 보았다. 지금은 무엇보다도 가족이 제일이라며 누구의 말도 듣지 않고 오직 와이프 말만 듣는다고 하신다. 행복해지기 위해서 성공해야 한다. 그리고 행복은 가족과 이웃에게서 온다. 가족을 희생한 성공은 어쩌면 공허한 성공일지도 모른다.

아니 진정한 성공은 아닌지도 모른다. 나는 성공하고 싶다. 사회를 행복하게 하는 성공을 거두고 싶다. 그리고 그것은 다분히 이기적인 내 행복을 위한 성공이기도 하다.

4. 섹스와 여자

결혼을 하기 전까지 섹스는 범죄였고 일탈이었고 쾌락이었다. 결혼을 하고나니 섹스는 의무이고 생활이고 만족이 되었다. 중학생 때까지 여자와 한 이불에서 잠만 자도 당연히 임신이 된다고 부득부득 우기며 친구들과 다투던 내 모습이 보인다.

고등학생이 되어서 자위라는 것을 경험했고 야한 잡지나 포르노테이프를 숨겨놓고 보거나 세운상가를 어슬렁거려 보기도 했다. 임신한 여자를 보면 남자하고 섹스 한 것을 광고하고 다닌다는 생각에 뻔뻔스럽다는 듯이 쳐다보며 다니던 이상한 때도 있었다.

군에 있을 때는 단체 포상휴가를 나오면 부대 인근 사창가를 대부분 들렀지만 나는 성병이 걸릴까봐 가고 싶지만 가지 못했다. 언제나 여자와의 섹스를 꿈꾸었지만 실행하진 못했다.

암튼 그 시절에는 여건만 갖추어지면 언제라도 사고를 칠 수 있는 시절이었던 것 같다. 지금 생각해봐도 성적 충동과 호기심이 너무나 강하였던 것 같고 마치 그것이 인생의 전부인 양 느껴지기도 했다. 다행히 큰 사고 없이 그 시기를 건너온 것이 참 다행이라 느껴지기도 한다.

스물다섯 살 까지도 여자를 사귀어 본적도 없었고 여자 형제도 없어서 여자에 대한 환상은 대단했던 것 같다. 결혼할 상대가 아니면 사귀는 것은 물론 섹스는 상상조차 할 수 없는 노릇이었다. 대학 4학년이 되서야 사귀던 여자와 어설픈 섹스를 해봤다.

직장생활을 하면서는 술 먹고 동료와 안마시술소도 가보았고 언젠가는 사창가도 몇 번 가보았다. 그리고 느낀 것은 자위만도 못한 섹스가 아닌가 하는 생각이 들곤 했다. 잠깐의 배설을 위해 불필요한 용기를 술을 빌어 만들어 내고 허탈한 마음과 성병에 대한 불쾌감을 뒤로 한 채 돌아와야 했던 것이 아닌가 싶다.

이렇게 서서히 여자와 섹스에 눈을 뜨게 되면서 삼십대를 넘기면서는 결혼이 아닌 섹스를 위한 여자를 만나기도 했다. 젊어서는 결혼할 상대가 아니면 만나서도 안 된다는 생각을 갖고 있던 내가 나이가 들자 결혼이 아닌 섹스만을 위한 여자를 사귀게 된 것이었다.

처음부터 내 마음을 그대로 보여줬기 때문에 결혼 상대가 아닌 것은 서로가 너무 잘 알고 있었다. 사랑이 없는 섹스는 공허하다. 그렇지만 남자는 사랑이 없는 섹스라도 하고 싶다.

그것은 이성으로는 어찌할 수 없는 본능인지도 모른다. 남자는 섹스를 할 수 없을 때 일종에 강박관념에 사로잡히게 되는 것 같다. 아니면 여자를 정복해야 한다는 남자만의 승부욕이 작용하는 것도 같다. 그래서 총각 때는 더 많은 섹스에 대한 상상과 여자를 사서라도 섹스를 하려는 충동이 들기도 한다.

지금도 가끔 부부싸움을 해서 이제 섹스의 길이 막혔다라고 느껴질 때 왠지 불안해지면서 일탈을 꿈꾸게 되는 나를 발견할 때가 있다. 그리고 인간 본연의 하지 말아야 하는 것을 하는 것에 대한 쾌감이 있기도 하다.

그래서 결혼 전의 섹스는 결혼 후의 섹스보다도 더 강렬하고 죄의식을 동반한 열정이 있기도 하다. 그러나 그런 쾌락을 좇다 보면 언제나 더 큰 자극을 필요로 하게 된다. 인터넷을 통해 야한 사진들을 보다가도 점점 색다른 다른 자극을 찾아 해매이게 되는 것도 그런 이유에서일 것이다.

만족을 해야 한다. 지금 이 상태로 만족하고 더 큰 즐거움은 덤으로 생각하는 자족하는 마음을 갖도록 수양을 해야 한다. 섹스를 쾌락을 얻기 위한 수단으로 생각하기 보단 사랑의 만족을 얻기 위한 교감 정도로 아끼며 다뤄야 할 것이다. 물론 나도 그렇게 조심스런 교감은 하지 못하지만 말이다.

5. 돈과 권력

돈이 권력이 되고 인격이 되는 시대에 살고 있다. 권력으로 돈이 모이기도 하지만 결국은 권력은 돈 앞에 무릎 꿇게 된다. 왜냐하면 권력은 유한하고 돈은 계속 남아 있기 때문일 것이다. 돈으로 권력을 사기도 하고 권력을 이용해 돈을 만들기도 한다.

돈으로 사람을 쓰기도 하지만 권력으로 움직이기도 한다. 그러나 그 권력은 결국 돈에 의해 지배되는 인간을 움직일 뿐이다. 그래서 돈을 가진 자는 그 돈을 포장하고 지킬 수 있는 권력을 얻으려 하고 권력을 얻은 자는 그 권력을 대체하고 지속시킬 수 있는 돈을 가지려 한다.

우리가 옳다고 학습되어진 권력은 국가이다. 사회는 국가라는 권력기관을 통해 사람들을 지배하고 질서를 유지 시킨다. 그러나 돈을 가진 자들은 권력에 가까이 가있고 권력이 있는 자들은 돈을 가지고 있기에 언제나 권력은 가진 자의 편에 서있다.

아무리 대통령이 서민의 편에 서려고 해도 결국에 이기는 자들은 권력을 지닌 돈 있는 자들이다. 그리고 그것은 어찌할 수 없는 자본주의 생리일 것이다.

법과 제도는 국회라는 국가기관에서 만들어지고 국회는 국회의원이라는 막강한 권력을 지닌 사람들에 의해 만들어지니 말이다. 그리고 그들에게 영향력을 행사하는 단체나 국민들은 또 얼마나 많은 돈으로 무장을 하고 있는가.

결국에는 권력은 돈에 의하여 움직이며 거기서 나오는 제도란 결국 돈 있는 자들의 몫으로 남게 될 것이다. 약자를 위한 법과 제도가 만들어지기도 하지만 그것은 뉴스거리가 될 만큼 이례적이고 부자들의 생색내기정도에 불과할지 모른다. 이미 우린 부자들의 권력의 논리에 길들여져 있고 어쩌다 베푸는 관용을 기뻐할 따름이다.

재판을 봐도 그렇다. 돈 있는 사람들의 잔치가 돼버린 듯한 생각마저 든다. 얼마짜리 변호사를 살 수 있었느냐가 내 죄의 유무와 경중을 결정짓는 중요한 잣대가 되니 말이다. 경찰들과 불법업주들을 보면 더욱 적나라해진다. 공권력을 지닌 경찰들은 법을 벗어나 영업을 할 수밖에 없는 업주들과는 공생관계에 놓여있다.

사회의 제도들이란 어쩌면 사회구성원들이 빠져 나가지 않으면 안 되는 규정들로 가득 차 있는지도 모른다. 사업을 하는 사람들은 물론이고 월급쟁이들조차도 세무조사라는 권력의 칼에 몸을 움츠릴 수밖에 없으니 말이다. 그래서 공권력은 유지되고 돈은 흘러 들어가는 것이다.

권력과 돈, 떼려야 뗄 수 없는 공생의 모습이다. 이렇듯 세상은 돈과 권력의 두 바퀴를 가지고 열심히 돌아가고 있다. 그리고 그곳에 올라탄 사람들과 올라 탈라는 사람들의 전쟁터란 생각을 해본다. 피할 수 없는 전쟁이라면 열심히 싸우고 싶다. 권력이든 돈이든 열심히 싸워 이기고 싶다. 그리고 내가 할 수 있는 일을 하고 싶다.

6부

1. 유일한 단점

"여보 미안해, 내 유일한 단점이잖아…."

유일한 단점이라… 내가 생각해도 뻔뻔하기 그지없다. 상처를 받고 울고 있는 아내에게 급한 마음에 변명을 해놓고 생각해보니 유일하지도 않을 뿐더러 너무 치명적인 단점이다.

난 말을 막 한다. 특히 내 생각과 틀린다든지 나를 공격한다는 느낌이 오면 상대를 무시하는 독설을 내뱉는다. 내 의견과 다르면 나는 마치 나를 공격하는 양 과민반응을 한다.

너무 남을 의식하기 때문일 것이다. 다른 사람의 생각과 행동을 의식

할 뿐만 아니라 상대도 내 생각과 같아지기를 원하고 그렇게 안 될 때 상대를 공격하게 된다.

또한 자신감 결여 때문이다. 내 스스로 자신하고 확신한다면 그렇게 남의 생각에 안절부절못하며 달려들지는 않을 것이다. 그러니 자연히 아내는 나로 인해 상처를 자주 받는다. 설령 평상시 아무리 잘한다고 할지라도 그 말 한마디의 위력을 상쇄시키지는 못함을 잘 안다. 죄악과 실수를 용서할 수는 있어도 자신을 무시하는 것을 용서하는 사람은 아무도 없을 것이다.

나는 더더욱 그렇다. 누군가 나를 보고 웃기만 해도 혹시 나를 비웃는 것은 아닌지 쩔쩔맨다. 그런데 대놓고 나를 무시하는 말을 듣게 된다면 어쩌면 나는 평생 그 말에 비수를 꽂힌 채 살게 될지도 모른다.

유일한 단점이라 해도 이렇듯 치명적인 것 이라면 그것은 단점이 아닌 치료하지 않으면 안 되는 암을 키우고 있다는 생각마저 든다. 그리고 그것은 자신뿐 아니라 남까지도 죽일 수도 있는 무서운 병이라 생각한다. 조금씩이라도 치료하고 고쳐나가야 됨을 절실히 느낀다. 그러기 위해서는 상대를 존중하는 마음이 우선해야겠지만 그것이 잘 안 된다.

내 생각은 언제나 틀릴 수 있다는 사실을 왜 자꾸 잊어버리는지 모르겠다. 내 기준으로 보아서 명백히 잘못된 말이고 내 기분을 상하게 하는 말일지라도 언제나 그럴 수 있다는 여유로운 마음을 갖도록 노력해야겠다.

내가 선해지면 상대도 선해지고 내가 악해지면 상대방도 한없이 악해지는 것이 사람관계 일 것이다. 설령 누군가에게 나를 무시하는 말을 들었다 할지라도 그건 내가 누군가에게 했던 말이라 생각해야할 것이다. 무심코 던진 한마디가 누군가에는 큰 상처로 남아 있을 지도 모른다는 생각을 한다면 그렇게 쉽게 내뱉지는 않게 될 것이다.

말하는 그 순간이 나에게는 순간일지라도 그 사람에게는 평생이 될지도 모른다는 조심스러움으로 입을 열어야겠다. 그런 마음으로 입을 열고 특히 기분이 언짢을 때에는 더욱더 조심을 해야겠다.

2. 떠벌임

나는 대화를 하기보단 잘 떠벌인다. 상대의 의견을 듣고 내 의견을 조심스레 개진하기 보다는 그저 내가 평상시 가지고 있던 잡다한 생각과 경험들을 배설하듯 뱉어 내곤 한다. 이러다보니 말의 톤이나 억양이 높고 빨라 상대가 듣기에도 거북스러워하고 공감도 이끌어 내지 못한다.

이것은 내 생각과 경험이 절대 틀리 지 않을 거라는 주장을 강하게 하려다보니 그렇다. 아니면 중간에 누가 내 의견을 반박이라도 하면 어떡하나하는 불안감 때문인 것도 같다. 그러니 강하고 빠르게 주장해서 상대를 다른 생각 못하게 몰아 부치듯이 떠벌이고 다른 의견이 나오면 금세 바르르하게 되는 것이다.

내 얘기가 강하면 강할수록 상대는 움츠러 들고 내 얘기가 약하면 약할수록 상대는 귀 기울일 것이란 생각을 해본다. 빈 수레가 요란하듯이 큰 소리로 떠벌이는 사람은 대부분 또 다른 반쪽을 생각지 못하기에 상대의 공감을 얻기가 쉽지 않다. 동전의 양면을 고민한 사람이라면 그렇게 강하게 자신의 주장을 상대에게 강요하지는 않을 것이다.

그리고 상대가 너무 확신에 차서 주장한다면 설령 같은 생각을 하고 있었다할지라도 왠지 상대의 의견을 반박하고 싶어지기도 한다. 아마도 사람들은 조심스런 의견을 내는 사람의 생각에 귀를 기울이게 되는 것 같다. 강하고 확신에 차지는 않았지만 고민하고 고뇌한 흔적이 묻어 나오는 그 한마디에 우리는 공감하게 되는 것이다.

마치 최면을 하듯이 조용조용히 다가오는 한마디 한마디에 조금씩 무장해제가 되면서 말이다. 내 목소리가 작아지려면 상대의 의견을 존중하려는 마음이 우선해야 할 것이다. 그러기 위해서는 말하기 보다는 열심히 듣는 연습이 필요하다.

어쩌면 듣기만 잘하고 구지 상대를 설득하지 않아도 상대는 내가 원하는 생각에 동참해 줄지도 모를 일이다. 자신의 목소리에 귀 기울여주고 관심을 가져주는 사람에게 우리는 한없는 애정을 보내고 싶어지기 때문이다.

말을 하는 것은 그에게 빚을 지는 것이고 말을 듣는 것이 그 빚을 갚는 일이라 생각해야겠다. 내가 상대의 의견을 무시하거나 관심 없어할 때 상대도 나를 그렇게 바라보게 될 것이다. 내 의견이 존중받고 상대가 내 의지에 동참하여 주기를 원한다면 조용히 말하고 크게 들어야겠다.

3. 잘난 척

난 잘난 척 하기를 좋아한다. 글을 쓰고 있는 것도 잘난 척의 일종이지 싶다. 언제나 보면 잘난 척을 해야 하는 경우는 잘나지 않은 경우가 대부분이다.

우리가 어떤 사람의 매력을 알고 있는데 그 사람이 직접 자기 입으로 말하는 순간 실망감으로 변해버리는 이유도 그래서일 것이다. 사람의 매력은 자신이 그럼에도 불구하고 그것을 모르거나 과시하지 않을 때 주위 사람들로부터 느껴지게 된다.

나는 자꾸 아니라고 해도 주위에서 인정하는 사람이 있는 반면에 본인이 스스로 떠벌이고 다녀도 아무도 인정해주지 않는 사람들도 있다. 자신의 것에 자부심을 가지는 것과 잘난 척을 하는 것과는 많이 다르다. 아니 정반대의 상황인지도 모른다.

자부심을 가지고 있는 사람이라면 구지 다른 이에게 확인시키려 하지 않을뿐더러 자신감이 있다면 구태여 다른 이들의 평가에 관여하려 들지 않기 때문이다.

그래서 어쩌면 종교가 필요한지도 모른다. 신의 존재를 믿게 된다면 우리는 한없이 작아지기 때문이다. 내가 잘나서가 아니라 은혜를 주신 신을 향해 감사해 하고 사람들에게 자랑하기 보다는 자신이 믿고 있는 신과의 대화를 할 수 있기 때문이기도 하다.

사람들이 알아주지 않아도 당신은 알고 있다는 믿음이 있다면 그렇게 아우성치지는 않게 될 것이다. 신을 믿는다면서도 아직도 나는 왜 잘난 척을 하고 있는 것일까? 아마도 그 믿음이 약하고 그러기에는 아직도 나는 나를 자신하고 있지 못한지도 모른다.

4. 비판쟁이

"재는 저럴 줄 알았어, 내말이 맞지?"

"어휴, 비판쟁이…."

어쩌다 텔레비전을 보다가 거기에 나오는 연예인들 얘기를 와이프와 나누다 보면 언제나 나는 비판쟁이를 면하지 못한다. 난 그 사람의 못난 점을 집어내며 정확히 예상해 맞추었는데 칭찬은커녕 돌아오는 것은 비판쟁이란 별명뿐이다.

내가 싫어하고 비난하는 연예인은 아마도 나와 가장 흡사한 성격을 지닌 연예인이 아닌가 생각해 본다. 그 사람의 그 단점을 자신도 갖고 있기에 더욱 못견뎌하는 것이고 나의 못난 점을 저 사람이 알리고 다니기에 더욱 화가 나는 것인지도 모른다.

더욱 재미있는 것은 내가 싫어하는 연예인들은 대부분 남의 비판을 잘할 것 같은 사람들이란 사실이다. 결국은 남의 비난을 잘하는 사람들은 그만큼 또 다른 사람들의 비난의 대상이 되는 것 같다.

반면에 내가 좋아하는 사람들은 대부분 절대로 남을 비난하지 않고 남들의 허물을 모른 척 덮어줄 것 같은 사람들이다. 그들은 내 허물을 끄집어 내지 않고 따뜻한 시선으로 보아줄 것 같기에 우린 그런 사람들을 좋아하게 되는 것 같다.

왜 남을 비난하고 싫어하게 되는 것일까? 나에게 아무런 피해도 주지 않았는데…. 우린 어쩌면 남들의 못남을 들추어 나는 그런 사람이 아님을 무의식중에 상대에게 전하고 싶은 마음인지도 모른다. 남을 비난했던 화살은 곧 자신에게 되돌아온다. 타인의 단점을 감싸 않을 때 좀 더 행복한 말들이 내주위로 돌아오게 될 것이다.

우린 인간이다. 완벽할 이유도 완벽할 필요도 없다. 누구나 한 가지씩 못남과 잘남을 가지고 살아간다. 그런 우리가 누구를 판단하고 누구를 벌하려 한단 말인가. 한없이 부족한 내가 뭐 이리 잘났다고 떠들며 남들을 비난하려 하는지 매일 매일 반성해 본다.

5. 도박 병

부부싸움의 대부분은 도박 때문이었다. 제 버릇 개 못준다고 했던가…. 2006년 월드컵기간동안 치렀던 큰 부부 싸움의 원인도 사실은 내 도박 병 때문이었다. 그 당시 한참 유행하던 성인 PC방이 문제의 발단이 되었다. 집 앞의 PC방에 호기심에 가보았다가 그만 재미를 붙이게 되었다.

한때 포커게임이라면 놀던 구력이 있던 터라 일반인들과 실시간으로 돈을 걸고 하는 게임에서는 질 리가 만무했다. 보통 이만 원으로 시작해서 대충 두시간정도 지나면 십만 원이 되었고 네 시간 정도가 흐르면 삼십만 원 정도를 딸 수 있었다.

그러니 나는 퇴근길에 집 앞에 잠깐 들러 스트레스도 풀고 돈도 딸 수 있으니 얼마나 좋으냐며 와이프를 설득하려 했다. 그러나 와이프는 돈도 필요 없다며 도대체 이해해 주려 하지 않았고 난 그런 와이프가 이해되지 않았다.

결국 싸움을 핑계로 몇 일간 집에 들어가지 않고 밤새워 PC방에 앉아 인터넷 도박을 하기도 했다. 또 한 번은 부동산경기가 침체되자 생활비를 번다는 핑계로 퇴근 후에 포커를 하러 다닌 적도 있었다. 그리고 한방에 대한 유혹이 또 다시 찾아와 와이프 몰래 대출을 받아 선물, 옵션을 하다가 결국에는 그 돈을 몽땅 날리기도 했다.

이렇듯 나는 한번 했던 실수를 몇 년 후에 또다시 반복하며 내 자신의 못남과 헛 똑똑함을 다시 한 번 확인할 수 있었다. 이쯤 되면 내가 아무리 아니라고 해도 나는 약간의 도박병증세가 있는 것임에 틀림없다.

와이프 말대로 도박은 돈을 따고 잃고의 문제가 아니었다. 내 정신과 육체가 어디를 향했는가가 문제였다. 도박을 할 때에는 아이들이 눈에 들어오지가 않았다. 내 잠을 방해하고 내 도박할 시간을 빼앗는 귀찮은 존재로 여겨지기가 일쑤였다.

그래서 도박을 하는 사람들은 결국에 이혼을 하게 되고 가족을 버리게 된다. 사람들과의 관계를 하지 않고 눈앞의 돈을 쫓다보니 결국에는 주위에 아무도 없게 되는 것이다.

이렇듯 도박에 빠질수록 주위사람들은 점점 더 멀어지게 됨을 느꼈고 내 미래도 없어진다는 사실을 뒤늦게 깨달아야 했다. 도박으로 큰돈을 벌었다 해도 사람들과의 관계에서 실패하고 있다면 그리 오래가지 못할 것이다. 그리고 그것은 시간을 철저히 적으로 만드는 수렁임에 틀림이 없다. 이 모든 잡기를 하지 않은지는 오래 되었지만 잠재된 도박에 대한 보균자임을 부정할 수는 없을 것이다.

7부

1. 별이 헐렁헐렁해

"아빠, 별이 헐렁헐렁해."

"어…. 진짜, 별이 헐렁헐렁하네."

하늘을 보며 다섯 살이었던 첫째 딸 여은이가 이렇게 말했다. 그래서 나도 하늘을 보니 진짜로 별이 조금은 헐렁헐렁해진 듯했다. 아마도 딸아이의 말에 내 마음이 이미 헐렁헐렁해져 버려서인지 모르겠다.

그리고 요즘은 별을 생각하면 자꾸 헐렁헐렁하다는 느낌을 지울 수가 없게 되었다. 똑같은 상황을 놓고도 우리는 우리의 마음에 따라 다양하게 느끼게 된다. 헐렁하다고 생각하면 정말로 헐렁해 보이고, 의심하다 보면 정말로 의심스러워 보이고, 칭찬하다 보면 정말로 좋아 보이고, 비난하다 보면 정말로 못돼 보인다.

모든 것은 내 마음에 달려 있다고 이미 오래전 누군가 설파했듯이 세상을 만들기에 앞서 내 마음을 만들어야 될 것이다.

별을 생각하다 보니 초등학교 때 안방에서 텔레비전을 보던 내 모습이 보인다. 수많은 별들이 보이는 우주를 보여 주면서 자막이 올라간다. 그리고 이런 말이 들린다. 우리가 사는 이 지구가 어느 별 속에 있는 나무의 작은 세포라 한들 누가 아니라고 자신 있게 말할 수 있겠는가라는 내용이었다.

그 말에 나는 충격을 받으며 그럴 수도있겠구나라는 생각을 하고 있었다. 어느 별에서 과학자가 현미경을 들여다보며 지구를 하나의 핵으로 보고 그 안에서 움직이는 자동차들을 미토콘드리아라는 이름으로 보고 있을지도 모를 일이다.

우주에서는 먼지처럼 관찰되지도 않는 내가 나 일 수 있고 내 안에서는 우주처럼 큰 세계가 나일 수도 있다. 두 가지 모두가 정답일수도 있고 아닐 수도 있겠지만 그 모든 것은 내 마음에 달려있다는 사실만은 변하지 않을 것이다.

2. 행복할 때 행복해

"규은아, 규은이는 언제 행복해?"

"아빠, 나는 행복할 때 행복해."

언제 행복하냐는 내 질문에 네 살 박이였던 막내딸인 규은이가 눈을 이리저리 굴리며 잠시 생각하더니 찾아낸 정답이다. 딸아이 대답을 듣고 보니 내가 너무 어리석은 질문을 했다는 생각이 들었다. 내가 생각해도 행복할 때가 가장 행복했다.

그리고 그 행복이란 그저 내가 행복하다고 조금은 의도적으로 생각하거나 말할 때였던 것도 같다. 지금 이순간의 행복은 영원히 다시 느낄 수 없다는 간절한 심정으로 열심히 행복을 음미해야 한다. 그러기 위해서는 지금 나에게 주어진 모든 상황들을 감사한 마음으로 바라보아야 할 것이다.

그러나 그 상황들이란 언제나 힘겨운 일상일지도 모른다. 이렇듯 행복이란 어쩌면 조금은 아쉽고 부족한 상황에서 만족하고 감사하려 할 때 찾아오는 것이 아닌가 싶다. 그것은 마치 정상을 향해서 힘들게 올라 갈 때가 돌아보면 가장 행복했었던 것처럼 말이다. 막상 정상에 서면 조금은 허무해지고 기대했던 만큼의 그런 행복감은 없었던 것 같다.

무언가를 향해 서로 북돋으며 힘겹게 다가가고 있을 때 서로에 대한 미안함과 안쓰러움이 어우러지면서 작은 행복들이 새어 나올 거라는 생각을 해본다. 그리고 그 순간의 행복을 음미하려 할 때 비로소 행복해 질 수 있을 것이다. 며칠 후 규은이 대답이 너무 신기하고 우연 같기도 해 또 물어보았다.

"규은아, 언제가 제일 행복해?"

"음…. 지금."

3. 아니 뭣도 못한다합쇼

"어머니, 아버님께 좀 잘해드리세요."

"아니 뭣도 못한다합쇼."

해남이 고향이신 장모님은 자신의 생각이랑 맞지 않는 요구가 있을 때면 언제나 "아니 뭣도 못한다합쇼"라고 딱 잘라 말씀하신다. 처음엔 저 말이 무슨 말인가 의아해 했는데 자꾸 듣다보니 대충 저런 상황에서 나오는 말씀이구나 싶다.

먼저 장인어른께는 죄송스런 말씀이지만 장모는 장인께 한이 많이 맺혀 계셔서 말년에 그렇게 대우받으시기는 힘드실 것 같다. 지금은 끊으

신지 오래됐지만 젊어서부터 술만 드시고 어쩌나 어머님을 괴롭히고 가족을 돌보지 않으셨던지 처형들도 아버님이라면 고개를 돌린다.

그래도 막내딸인 와이프는 그나마 아빠의 정을 조금은 받고 커서인지 처형들 보다는 아버님과의 관계가 조금은 좋아 보인다. 자신이 뿌려놓은 만큼 거두는 노년이 됨을 보게 되고 그것은 우리가 어찌할 수 없는 그분들의 인생사일 것이다. 그렇게 힘들게 딸 셋을 키워서인지 장모의 돈에 대한 집착과 애정은 환갑을 넘기신 지금도 여전하시고 자녀들을 키울 때는 더 대단하셨던 것 같다.

어머님의 돈에 대한 지독함에 질려서인지 둘째처형은 유학을 가서도 어머니 돈은 절대 받지 않겠다며 혼자서 학비를 벌며 공부를 하고 있다. 막내딸인 내 아내도 점심값이 없어서 친구들 눈치를 보기도 하고 막히는 차도에서 뻥튀기 팔던 대학시절을 얘기하며 돈에 너무나 인색했던 어머님을 원망하기도 한다.

그럴 때면 나는 이렇게 말하곤 한다. 나는 너의 그 점이 좋아 결혼했다라고. 어머니께 감사하자고. 내가 너무 약아서 그랬는지 모르겠다. 나는 내가 돈에 고생을 해보지 않아서 돈을 모른다는 생각에 내 아내만큼은 돈을 아는 여자이길 원했다. 그래서 아내의 조건으로 아르바이트를 생각해 냈는지도 모른다.

가끔은 사위인 나에게도 억지를 부리시기도 하지만 타인과 주위에 원망에 아랑곳하지 않는 강인함을 지니신 장모님이 한편으론 자랑스럽다. 나도 언젠가 내 방식대로 살아 나가면서 주위 시선이나 이목과 부딪혀 머뭇거려질 때 이렇게 외치고 싶다.

"아니 뭣도 못한다합쇼."

4. 셋째 딸, 피아노

고등학교 1학년 때부터 나는 셋째 딸과 결혼할 것이라고 생각했다. 그 이유는 이렇다. 그 당시 나는 너무 열등했다. 내 존재감에 대한 열등함이 대단했고 왠지 잘못 태어난 느낌을 떨칠 수가 없어 자살도 몇 번이고 생각했다. 아무리 수백만 분의 일의 경쟁에서 이기고 태어났다고 위로해 보아도 나 자신에 당당할 수가 없었다.

그리고 어느 날 이런 생각을 했다. 셋째로 태어난 남자인 나도 이런데 그렇다면 세 번째로 태어난 여자는 어떨까하는 생각이었다. 셋째 딸들은 나보다 훨씬 대우 받지 못하고 축복 받지 못한 상황에서 태어날 거라는 생각을 하게 되었다. 나보다도 훨씬 더 태생적인 슬픔을 지니고 살아가게 되는 것이 셋째 딸들이라 확신하게 되었다. 그렇게 그들을 생각하면서 조금은 위안과 위로를 받을 수 있었고 결혼을 한다면 꼭 셋째 딸과 할 거라는 결심을 하게 되었다.

주위를 둘러보면 한없는 사랑을 받고 자란 자식들 보다는 조금은 부족한 사랑과 슬픔을 알고 자란 자식들이 부모님께 잘하고 잘사는 것도 같다. 잘못된 무조건적인 사랑만을 받고 자라다 보면 부모의 사랑을 언제나 당연시 여기며 훗날 그것이 채워지지 않을 때는 오히려 원망을 하게 되는 경우가 많다.

그리고 태생의 슬픔 속에서 사랑받기 위한 유전자들이 생성되기도 하고 그 슬픔을 극복해 나가는 면역체들도 만들어 질 것이다. 아이들은 태어나면서 본능적으로 자신의 살아가는 방법을 체득하게 되는 것 같다. 셋째 딸인 미정이가 태어났을 때 장모님은 너무도 서운해서 죽으라고 이불을 덮어서 윗목으로 밀어 놓으셨다고 한다. 지금은 복둥이라고 하면서 겸연쩍어 하시지만 말이다.

피아노도 고등학교 1학년 때부터 생각했다. 중학교 때부터 피아노가 치고 싶었지만 학원은 엄두도 내지 못했고 그래서인지 나는 피아노 치는 여자가 너무 좋았다. 그 당시에는 마치 내가 피아노를 잘 치는 사람인양 어디서건 간에 손으로 피아노 치는 시늉을 하면서 다니곤 했다. 그것도 엄청나게 빠른 속도로… 누가 보면 피아니스트정도로 생각했거나 아니면 미친 사람으로 보았을 것이다. 그래서 나는 내가 그림을 그리고 옆에서 피아노 쳐주는 아내를 꿈꾸게 되었다. 지금도 피아노 치는 여자들을 보면 마음이 설레고 언젠가는 꼭 한번 배워보고 싶다.

5. 혼자라는 것

혼자라는 것을 생각해 본다. 어려서부터 아무도 나를 보살펴 주지 않는다는 혼자라는 감정은 그 당시에는 힘겨웠지만 지금 와 돌아보니 감사할 따름이다.

우리 부모님은 단 한 번도 나에게 뭐라 말씀하지 않으셨다. 공부는 물론 내가 행동하는 모든 짓들에 대하여 단 한 번도 이래라 저래라 하지 않았다. 밥을 먹다가 미친 말을 하여도, 방 안에 있는 책들을 전부 칼로 갈기갈기 찢어 버려도, 벽에다 미친 듯이 물감을 뿌리고 옷에 그림을 그리고 다녀도 단 한 번도 나에게 뭐라 하지 않으셨다.

너무 이상한 것 같으면 정신과 치료를 받자고 권했고 학교 다니기 싫으면 절에 들어가 스님이 되는 건 어떠냐고 물었다. 나는 사실 아들 낳기가 두렵다. 딸만 둘인 것이 너무 다행스럽기도 하다. 나 같은 녀석이 태어나 나와 똑같은 사춘기를 보낸다면 나는 지켜보고 기다려 줄 수 있을까하는 의문을 가져본다.

나는 아마도 내 아들이 그런다면 쩔쩔매면서 올바른 길을 제시하려 들지도 모른다. 아니면 시간이 해결해 준다고 하면서 일단 공부나 열심히 하라고 독려하려 들것이 분명하다.

그 아이의 그 모든 시행착오와 방황들을 한때 지나가는 치기정도로 이해하려 하고 애써 모른척할지도 모를 일이다. 온전히 그 모든 혼란과 방황을 스스로 헤쳐 나올 수 있게 그냥 기다려 주어야 하는데 말이다. 그리고 그 과정 또한 인생의 빼 놓을 수 없는 소중한 경험들이란 사실도 알려주고 싶다. 그 모든 것들은 스스로 결정하고 책임질 수 있도록 혼자라는 것을 깊게 심어주어야 한다는 생각을 해본다.

혼자라고 느낄 때 너무도 외롭고 불안하여 방황한다고 할지라도 자신을 스스로 일으켜 세울 때까지 부모는 그저 뒤에서 바라볼 뿐이란 사실도 알려주고 싶다.

과연 나는 우리 딸아이들에게 그렇게 할 수 있을지 걱정이다. 아니 우리 아이들은 그렇게 힘든 사춘기를 보내지 않았으면 하는 것이 솔직한 내 심정인지도 모른다. 그리고 할 수만 있다면 정서적으로 안정이 될 수 있도록 충분한 사랑을 주고 싶다. 그러나 그 사랑이 행여 아이들에게 독이 되지 않을까하는 의문을 가져보며 조심스런 애정을 보내고 싶다.

8부

1. 스타일

난 스타일이란 말을 자주한다. 그건 저사람 스타일이라고…. 굳이 저 사람이 왜 저랬는지 따지거나 묻지 않는다.

우리가 보면 상식이 없는 상식이하의 행동을 하는 사람들이 아마도 나 이외의 모든 사람일 것이다. 같은 생각을 하고 같은 행동을 할 때도 있겠지만 어느 순간에는 나와는 정반대의 행동이나 생각을 하는 사람이 대부분일 것이다. 그러다 보니 내 주위의 사람들이나 특히 가까운 사람들을 보면서 너무 답답해하거나 안타까워하는 경우가 많다.

그러나 내가 그들을 그렇게 느끼고 있다면 그들도 나를 그렇게 바라보고 있을 것이다. 그래서 언제부터인가 나는 그 사람의 이해되지 않는 행동을 볼 때면 그 사람의 스타일로 인정해버리는 습관이 생겼다. 어쩌면 너무나 당연한 것이지만 이렇게 된지도 그리 오래되지는 않았다.

그리고 그렇게 하다 보니 밋밋한 스타일 보다는 색다른 스타일에 더 호감이 가고 관심을 가지게 된다. 나와 다른 것이 이상한 것이 아니고 너무나 당연하다는 생각을 가지고 세상을 바라본다면 조금 더 따뜻한 눈길을 지니게 될 것이다.

2. 비행접시

나는 비행접시를 보고 싶다. 그것은 우리 상상으론 생각해 낼 수 없는 또 다른 세계일 것이다. 마치 심해 속 물고기들이 육지 위 사람들의 세계를 상상할 수 없듯이….

과학이란 이름으로는 설명되어질 수 없는 우주의 신비를 생각해 본다. 우리가 알고 있는 과학이란 그저 이미 생성되어진 사실의 원리나 규칙을 밝혀내거나 발견하는 것에 불과할 것이다.

왜 거기에 태양과 달이 있고 지구라는 것이 있는지….

왜 그런 크기로 그런 주기를 가지고 돌고 있는지….

우리의 과학이 너무나 진보하여 태양에 우주선을 보내는 날이 온다고 하여도 이미 생성된 우주와 자연에 대한 섭리를 찾을 수는 없을 것이다. 아니 어쩌면 알려고도 하지 않을 것이다. 조금이라도 또 다른 세계의 가능성을 인정하려 한다면 우리가 알고 있는 너무나 많은 것들에 대한 혼란을 가져올 것이기 때문이다.

그러나 적어도 지구란 별에 있는 생명체들 중에서는 신과도 같은 위치에 서있는 것이 인간일 것이다. 그렇다하여도 인간 또한 그 생명체들과 함께 자연의 일부임을 부정할 수도 없을 것이다. 자연은 언제나 자신의 기준에서 자기의 잣대로 세상을 바라보고 재단할 수밖에 없는 것 같다.

3. 예쁜 다리

예쁜 다리만 보면 내 목이 돌아간다. 목이 돌아가다 몸이 돌아가려고 할 즈음에는 와이프 손이 내 얼굴로 살며시 다가와 내 목을 제자리로 갖다 놓는다.

결혼하고 처음에는 그런 내 모습에 조금은 뾰로통했던 아내가 요즘은 포기했는지 길거리를 가다 짧은 치마 입은 늘씬한 여자들이 지나가면 재빨리 나에게 알려준다. 그리고 잠시 나에게 즐거움을 주고 너무한다 싶으면 손을 가져와 앞을 보게 하는 것이다.

그래서 나는 아내와 손을 잡고 거리를 배회하거나 쇼핑하는 것을 좋아한다. 와이프 몰래 다른 여자들을 힐끗거릴 필요도 없고 오히려 나보다 더 열심히 이쁜 여자들을 찾아주기 때문이다.

서로를 믿고 이해한다면 상대의 이성에 관한 작은 즐거움들 까지도 막을 필요는 없는 것 같다. 물론 정도의 문제가 있겠지만 몸만 돌아가지 않을 정도로 옆에서 지켜보면 될 것도 같다. 그리고 나도 와이프가 남자 연예인들을 보고 멋있다고 탄성을 지르고 침을 삼켜도 예전처럼 질투가 나지 않는 나를 발견할 수 있게 되었다.

우리 집 막내 딸 규은이의 특기는 틈새시장 공략이다. 언니가 꾸중을 듣고 있다든지 엄마에게 투정을 부리면 여지없이 달려와 언니와는 반대의 입장을 밝히며 자신을 부각시키려한다.

눈을 이리저리 굴리며 확신한다는 듯이 언니와의 차별화를 시도하는 규은이를 보면 웃음을 참기 어려워진다. 그런데 신기한 것은 규은이는 평상시에는 따라쟁이란 사실이다. 언니가 하는 모든 행동과 말을 그대로 따라해 따라쟁이라는 별명을 붙여 주었다.

그렇게 언니를 졸졸 쫓아 다니며 따라하다가도 결정적인 순간이 오면 자신을 돋보이게 하기위해 언니와 엄마의 틈새를 노린다. 언니와의 안정된 관계보다는 엄마에게 조금이라도 사랑과 관심을 얻으려는 규은이의 모험을 보면서 많은 것을 생각하게 된다.

살면서 깨닫게 되는 또 하나의 것은 세상은 참 다양하고 내가 상상하지 못하는 너무나 많은 시장이 있다는 사실이다. 내가 미처 생각지 못한 모든 시장은 아마도 내 입장에서는 모두 틈새시장이 될 것이다.

엄마의 사랑과 관심을 받으려는 규은이의 치열함으로 세상을 바라보고 일상에 안주하려 들지 않는다면 또 다른 시장을 발견하게 될지도 모를 일이다.

5. 산

청소년기에 한때는 산을 생각하며 위안을 받기도 하고 그렇게 될 수는 없을까하는 생각을 하곤 했다. 산을 떠올리며 얼마나 많은 것을 포용하고 받아들이고 있는가를 상상해보면 왠지 마음이 편안해졌다. 어느 것 하나 마다하지 않고 모든 것들을 있는 그대로 수용하고 산은 산대로 그 자리에 있다.

무섭거나 징그러운 벌레부터 동물들과 새들 그리고 더러운 똥과 깨끗한 물까지도… 상상조차 하기 어려울 정도로 많은 생명들과 자연을 품은 산은 누구는 좋고 누구는 싫은 게 없다.

자신을 더럽게 한다고 원망하거나 자신과 친한 나무와 물만을 사랑하지도 않는다. 산은 그 모두를 그대로 품고 있어야 산이 될 수 있다고 믿고 있는지도 모르겠다.

골짜기에는 물이 고여 흐르고 산 정상은 점점 좁아져 많은 땀과 인내를 요구한다. 그리고 그 물들이 흐르고 모여 강을 이루고 생명을 만든다.

산은 자연에 순응한다.

봄이 오면 봄의 푸릇함으로,

여름이 오면 여름의 열정으로,

가을이 오면 가을의 아름다움으로,

겨울이 오면 겨울의 고즈넉함으로 산은 자신을 말한다.

그래서 나는 산이 좋다.

그리고 되지 못하게 산이 되고 싶어 한다.

젊음은 기구할수록
희망은 희박할수록

9부

1. 소질과 적성

요즈음 부모들은 아이들의 소질과 적성을 일찍 찾아주려 무척 바빠진 것 같다. 어려서부터 이것저것 시켜보고 재능이 무엇인지 찾아서 일찍부터 개발해서 아이가 훌륭히 성장하기를 바라는 부모의 한결같은 마음에서 일 것이다. 그러다 보니 요즈음 아이들은 어려서부터 피아노, 미술은 기본이고 영어나 각종의 학원을 다니는 것이 보통이다.

6살 된 우리 큰아이도 큰처형에게 피아노를 일주일에 두 번씩 배우러 다닌다. 어려서 시간이 있을 때 이것저것 배워두면 여러모로 좋을 것이다. 아이의 소질도 일찍 발견할 수도 있을 것이고 아무래도 조금이라도 어렸을 때 배우면 수월할 것이다. 워낙에 요즈음은 다들 그러고 다니니 우리 아이만 아무것도 안하고 있다면 불안한 마음을 떨치기 어려운 시대에 살고 있다.

그래서 나도 우리 둘째 아이도 내년부터는 처형한테 보내어 언니와 함께 피아노를 배우게 하려 한다. 이렇듯 나도 내 아이들이 남보다 늦지 않게 피아노도 배우고 영어도 배웠으면 하는 바람이 있다. 그러나 나는 피아노 이외의 학원에는 다니게 할 생각이 없다. 그저 처형이 집에서 아이들 레슨을 하고 있어 자연스럽게 기회가 되었을 뿐 좋은 유치원을 보낸다거나 특별한 학원을 보낼 생각은 없다.

그리고 유치원도 교회에 있는 선교원에 계속 보낼 생각이다. 한 달에 13만 원 정도이니 두 명이라 해도 큰 부담은 되지 않는다. 선교원의 교육환경은 다른 유치원들에 비하면 조금 열악한 것이 사실이나 크게 상관하지 않는다.

무책임한 생각일지 모르나 나는 내 아이들이 나와 내 와이프를 뛰어넘는 뛰어난 영재가 되기를 바라지 않고 그럴 수도 없을 것이라고 생각한다. 그저 우리 부부 정도의 모습으로 살아 주길 바라고 그렇게 평범한 아이로 잘 자라주었으면 한다.

우리 주변에 보면 자식들에게 올인 하는 부부들이 많다. 자식이 하나이거나 많아야 둘이다 보니 자신들의 수익의 많은 부분을 아이들에게 기꺼이 투자하고 남들에게 뒤처지지 않을까 노심초사하게 된다. 이러다 보니 아이들은 어려서부터 엄마 손에 이끌려 여기저기의 학원들을 다니기에 바쁘고 부모들은 그렇게 자식에게 헌신을 다할 수 있는 자신을 보람되게 생각하는 것 같다.

서점가에 가보면 조기교육의 중요성을 강조하는 책들과 아이들을 좋은 대학에 보낸 엄마들의 비법을 담은 책들이 넘쳐나고 베스트셀러가 되고 있다. 나도 아동기부터 초등학교 때까지의 교육이 그 아이의 인생을 좌우하리만큼 중요하다는 사실에 공감한다. 그러나 나는 어려서부터 그 아이의 소질과 적성을 찾아내기 위해 이것저것 해보아야 한다는 것에는 동의할 수가 없다.

열성적인 엄마의 그러한 노력으로 세계적인 음악가나 운동선수가 나오기도 할 것이다. 그러나 그런 기대를 가지고 아이들에게 스트레스를 받게 하느니 차라리 매주 로또를 사는 것이 더 나은 확률과 비용인지도 모른다는 생각을 해본다.

이런 부모들의 심리는 아마도 우리 아이가 남들에게 뒤처지면 안 된다는 조바심과 남들만큼은 해준다는 부모로서의 자기만족인지도 모른다. 능력이 되고 경제적인 여유가 있을 때 이것저것 아이들에게 좋은 교육을 받게 하고픈 부모들의 마음을 비난하는 것은 아니다.

나도 내 여건이 허락한다면 그렇게 할지도 모른다. 다만 과도한 비용의 지나친 사교육은 우리 아이는 물론 사회 전체에도 큰 불행일 수 있다는 생각을 해보는 것이다. 가정경제의 지나치게 많은 부분을 아이들의 각종 학원비로 지출을 하고 엄마는 온종일 아이들 학원 쫒아 다니느라 바쁜 엄마들이 주위에 많다.

우리부부는 적어도 그러지는 않기로 다짐을 했다. 내가 아이들에게 해줄 수 있는 것은 몇 가지 안 된다고 생각한다.

경제적 여유도 없을뿐더러 남보다 한발 앞선 선행학습이란 것이 꼭 필요할 것이라고도 생각지 않기 때문이다. 초등학교에 가면은 남들보다 뒤쳐질 수도 있겠지만 상관없다. 그렇다고 아이들을 그저 방치하겠다는 것은 아니다. 우리가 우리의 경제적 여건에서 아이들에게 해줄 수 있는 것을 해주면 된다고 생각한다.

먼저 책 읽는 습관을 들여 주고 싶다. 그리고 할 수만 있다면 어려서부터 경제교육과 자립정신을 키워주고 싶다. 창피한 얘기지만 나는 아이들에게 아빠가 돈을 많이 벌지 못해 좋은 유치원에 다니게 해줄 수 없다는 말을 하곤 한다. 그리고 벌써부터 이런 말도 한다. 아빠는 초등학교에 들어가도 학원을 보낼 수 없으니 너희가 알아서 공부해야하고 구지 잘하지 않아도 괜찮다고….

시간이 지나 초등학생이 되면 봉사정신도 키워주고 싶다. 자신이 고생스럽더라도 남을 위해서 무엇인가를 한다는 것은 우리가 사는 이유이며 가치 있는 일임을 체험하게 해주고 싶다. 그리고 무엇보다도 열심히 사랑하고 성실히 살아가는 엄마 아빠의 뒷모습을 보여주고 싶다.

최근에는 기러기 아빠를 하며 유학을 보낸 가정들의 해체 소식을 매스컴을 통해 심심치 않게 접하게 된다. 주위에서도 상당히 많은 사람들이 기러기 아빠생활을 하거나 자녀들만을 유학 보낸 경우를 자주 보게 된다.

젊은 날 자신의 꿈을 이루기 위해 험난한 객지에 나가 고생을 하고 자립심을 키우고 다양한 경험을 하는 것을 나쁘다고 보는 사람은 아무도 없을 것이다. 더군다나 영어가 국제화 사회의 필수가 된 지금은 여건만 된다면 아이를 더 나은 환경에서 공부할 수 있도록 해주고픈 것은 모든 부모의 바람이 될 수도 있을 것이다.

그러나 그렇게 청소년기를 보내는 것이 꼭 바람직 한 것만은 아니라는 생각을 해본다.

먼저 나는 우리의 교육환경이 아무리 열악할지라도 유학을 갈만큼 나쁘다고는 보지 않는다. 이 사회에 살아가는 대부분의 청소년들이 함께 겪고 있는 것이고 모두가 감수하는 과정인 것이다.

그런 힘든 과정을 극복해 가면서 이사회에서 요구하는 적당한 인내와 인성이 길러질지도 모를 일이다. 선진국이나 10년 후의 우리가 지금 우리의 교육현실을 본다면 잘못된 부분이 많을 것이다. 그러나 내가 이곳에서 살고 있고 살아 갈 것이라면 지금의 환경에서 승리할 수 있어야 된다고 생각한다. 뛰어난 학업능력을 가지고 있어 앞선 교육환경에서 더 나은 인재로 육성되어지기 위해서 유학을 나가는 사람들도 있을 것이다.

그러나 지금의 우리사회를 돌아보면 어느 정도 경제적 여건만 갖추어진다면 누구나 할 것 없이 유학을 보내야 한다는 강박관념에 사로잡혀 있는 듯하다.

두 번째는 가정의 소중함을 느끼고 자신의 정체성을 정립하여야 할 시기에 가족과 떨어져 있다는 사실이다. 부모의 모습에서 가장 큰 영향을 받을 시기에 부모와 떨어져 지내고 가족 간의 유대감도 멀어져 아버지는 그저 돈을 부쳐주는 사람으로 기억하게 될지도 모를 일이다.

자녀들의 교육보다도 더 중요한 것은 가족 간의 사랑을 심어주는 것이고 또 그것을 경험하는 사람만이 그런 가정을 만들어 나갈 수 있다고 생각한다. 아무리 좋은 곳에서 많은 것을 배웠다고 할지라도 행복한 가정을 꾸릴 수 없다면 진정한 행복과 성공은 기대할 수 없게 될 것이다.

셋째는 유학이 자녀들의 도피와 부모의 허영의 수단으로 전락되는 경우도 있는 것 같다. 이것은 마치 부모 자신의 이목 때문에 아이들을 외국으로 방치해 버리는 것과 같은 결과를 초래하게 될 것이다.

넷째는 부모의 지나친 개입이다. 이 땅에서 마땅히 치러야할 과정을 부모가 개입해서 더 낳은 환경으로 옮겨 준다. 너무 힘든 과정을 치러야 할 자녀들이 안쓰러워 부모 자신을 희생해서라도 바꾸어 준다. 이 자체만으로도 아이들에게는 독이 될 수 있을 것이다.

어려운 것은 부모가 알아서 처리해 준다는 인식과 부모는 자신들을 위해서 희생하는 존재라는 것을 무의식중에 각인시키게 될 것이다. 그러다보면 언제나 자신들에게 주어지는 부모의 희생을 당연시 여기며 그것이 채워지지 않을 때 부모를 원망하게 될지도 모른다.

그리고 이렇게 부모의 지나친 간섭을 받으며 자라는 아이들이 취업면접 과외를 찾아다니게 되고 이런 부모들은 자녀가 취업을 해도 회사에 찾아가게 될 것이다.

최근에 대치동에서 외국에서 박사학위를 받고 온 사람들에게 취업 면접을 과외 하는 학원이 성행한다는 기사를 보았다. 또 얼마 전에는 엄마가 대기업 인사팀장을 찾아가 자신의 아이를 지방 발령 내어 우울증에 걸렸다는 항의를 했다는 기사를 보기도 했다. 이런 기사들을 보면서 뭔가 잘못 되 가고 있는 우리사회의 자녀교육의 현주소를 보는 것 같아 씁쓸해 했다.

요즘 부모들은 너무 자녀들의 삶에 깊게 관여하여 아이들은 부모 없이는 아무것도 할 수 없는 그저 공부기계로 만들려고 하는 것처럼 보이기도 한다. 그리고 엄마들도 자기가 없으면 아무것도 하지 못하는 아이들을 보면서 엄마 자신에 대한 어떤 존재감을 찾으려 하는지도 모른다는 생각을 해본다. 그렇지 않고서는 그토록 아이들에게 매달려 살기는 쉽지 않을 것이다.

사랑이란 이름으로 자녀의 삶에 뛰어들어 개입하는 것은 우리 아이들과 이 사회에 큰 보탬이 되지 않을 거라는 생각을 하게 된다.

가정의 주체는 부부가 되어야한다고 생각한다. 아이들이 가정의 주체가 되어서는 안 된다는 생각을 해본다. 어떤 경우에도 가정은 부부의 행복과 사랑이 우선이고 그리고 아이들의 행복이다. 그 다음이 아이들의 교육이라고 말하고 싶다.

그러나 우리사회는 아이들 교육을 위해서 너무나 과도한 비용을 지불하고 있는 것 같다. 이러한 교육열이 지금의 대한민국을 만들었다는 긍정적인 평가도 있고 부모는 마땅히 그래야 한다는 사회적 분위기에 떠밀리기도 한다.

그리고 그렇지 못한 부모는 마치 자신의 의무를 다하지 못하는 부모가 되거나 무능하고 무책임한 부모로 전락되는 느낌마저 들기도 한다. 교육에 대한 비용이 과도한 것인지의 여부는 개인에 따라 달라질 수 있겠으나 적어도 부부간의 사랑과 아이들의 행복을 위협하는 수준과는 맞바꾸어서는 안 될 것이다.

무척 이기적으로 들릴지 모르나 가정에서 중심은 부부가 되어야 하고 아이들은 그저 부부간의 사랑을 위해 존재하는 제삼자가 되어야 한다고 생각한다. 부부간의 사랑과 행복한 가정만큼 아이들에게 부모가 해줄 수 있는 큰 교육은 없을 것이다.

학교에서 배우는 교육은 그 이후의 문제가 될 것이다. 주객이 전도되어 아이들의 교육에 매달리다 가정이 흔들린다면 설령 그 자녀가 공부에 성공한다고 할지라도 그 가족 구성원은 행복한 삶과는 거리가 멀어지게 될 것이다.

모두가 알고 있는 것 같지만 요즈음 세태를 보면 그렇지만은 않은 것 같고 중심을 잡지 못하고 아이와 함께 방황하는 부모들이 많은 것 같다. 부모는 부모의 삶을 살고 아이는 아이의 삶을 살아야 한다. 냉정하리만큼 아이들에게는 부모로서의 의무와 사랑만을 주어야 한다.

자식에게 부모의 의무를 다하지 못하거나 책임을 회피해서도 안 되겠지만 과잉보호를 한다거나 자녀의 인생에 개입하려 하는 것도 올바른 자세는 아니라고 본다. 부부의 삶의 계획 속에서 부모로서 할 수 있는 최선의 노력과 책임을 다하면 된다고 생각한다.

나의 이런 생각만이 옳다고도 생각지 않는다. 다만 내 생각이 옳던 그르던 간에 무엇보다 중요한 것은 내 삶이고 우리 부부의 삶이란 사실이다. 그리고 우리 아이들도 어른이 되어 가정을 꾸리게 된다면 그렇게 자신의 삶과 행복을 위해 살아줄 것을 당부하고 싶다.

와이프의 지인 중에 잘나가는 회계사와 결혼한 언니가 있다. 아들만 둘인 그 언니는 자녀교육에 전부를 걸었다. 다른 것에는 너무나 알뜰하지만 아이들 교육만큼은 최고를 지향했다.

한편으론 부럽기도 하고 한편으론 너무 한다 싶을 정도로 자녀교육에 온 정성을 다했다. 그러나 결국에는 남편은 그녀에게 자식밖에 모른다며 이혼을 요구한다는 소식을 들었다. 얼마 전에는 남편 몰래 이사를 하기도 하고 별거를 한지도 꽤 오랜 시간이 흘렀다.

처음에는 나는 그 남편을 이상하게 생각했다. 자신의 자식을 위해 헌신하는 와이프를 싫어하는 사람이 제정신일까 하고 말이다. 그리고 자신의 외도에 대한 핑계 꺼리가 없어 그런 말을 했을까하는 생각도 했다. 그러나 얼마 전부터는 조금은 개연성이 있을지도 모른다는 생각을 해보게 되었다. 이 와중에도 그 첫째 아들의 초등학교 입학을 위해 최고 좋은 사립학교를 찾아다니는 그 선배언니 이야기를 전해 들었다.

처음엔 정말 대단하다는 생각이 들기도 했다. 하지만 한편으론 그 남편이 조금은 공허했을 수도 있을 거란 생각을 하게 되었다. 내 자신을 돌아보아도 그럴지 모른다.

만약에 내가 아들이 있고 내 와이프가 그렇게 했다면 나는 어땠을까 하는 생각을 해본다. 질투심까지는 아니더라도 아들에 대해 좀 더 너그럽지 못했던지 아니면 관심 받지 못하는 공허한 마음을 어디선가 채우려 했을지도 모른다는 생각을 해보았다.

아직도 애정결핍증상이 남아 있어서 그런지 모르겠지만 이런 감정이 전혀 없을 거라고는 말할 수 없을 것 같다. 그래서 그런지 주위를 둘러보아도 아들을 지나치게 편애하는 엄마들은 부부사이가 좋지 않거나 가족 간에 불화가 많은 것 같기도 하다. 다행히 아직까지 우리 부부는 자식들 보다는 서로에게 더 관심이 많고 신경을 곤두세우고 있어 다행이란 생각이 들기도 한다.

한편으론 아이들이 불쌍할 때도 있다. 틈만 나면 아이들을 팽개치고 둘만의 시간을 가지려 노력하고 요즘은 부동산을 같이 하다 보니 더욱 그렇게 되 가고 있다.

그러나 이러한 우리 부부의 행동이 아이들에게 안 좋은 영향을 미치거나 사랑이 결핍된 아이로 성장하게 되리라고는 생각지 않는다. 아니 오히려 아이들은 벌써부터 적당히 부모와의 거리가 있음을 깨닫기 시작했고 자기들끼리 의지하며 더 잘 지내기도 한다.

그렇게 어리광이 심하던 막내 녀석도 엄마 아빠와 떨어져 있는 시간이 많아져서 그런지 왠지 좀 더 어른스러워 보이기도 한다. 어쩌면 이럴수밖에 없는 우리 부부의 자기 합리화일수도 있고 더 나은 환경을 만들어 줄 수 없는 부모로서의 위안과 변명일수도 있을 것이다.

그렇다고 할지라도 나는 그렇게 살아가고 싶다. 자녀들보다는 우리 부부를 위해 살고 그것이 어쩌면 우리 자녀들에게도 도움이 되었으면 하는 바람으로 말이다.

요즈음 우리 와이프는 바빠졌다. 아침이면 아이들을 선교원에 보내고 부동산으로 출근을 한다. 부동산에서 나보다도 더 열심히 일을 하다가 어두워지면 아이들을 데리러 성수동에 있는 선교원으로 향한다.

아이들을 데리고 일주일에 두 번은 처형 집으로 피아노 레슨을 받으러 가기도 하고 이마트에 가서 장을 봐 오기도 한다. 나는 그저 아침에 출근해서 가만히 않아 있다가 밤에 퇴근하면 그만이다.

처음엔 걱정을 많이 했다. 주변에서 와이프와 함께 부동산을 하면 매일 싸운다는 말도 들었고 하루 종일 붙어 있으니 지겨울 것도 같았다.

또 남편의 일거수일투족을 다 보고 있으니 남편의 권위도 사라지게 되는 것이 아닌가하는 걱정을 하기도 했다. 그러나 조금씩 시간이 흐르면서 와이프와 하길 잘했다는 생각이 들기 시작했다. 일단은 내 마음이 너무 편했고 동네분들도 나보다 와이프를 더 좋아하는 것 같았다.

그리고 사무실에서 보는 아내의 모습은 집에서 볼 때와는 조금 다른 느낌을 주기도 한다. 집에서는 항상 부스스 한 모습만을 보다가 화장을 하고 사무실에 앉아 있는 아내를 바라보고 있노라면 직장 내 성희롱을 하고 픈 마음이 들기도 한다.

또 총각 손님들이 와이프가 처녀인지 알고 관심을 보일 때면 괜히 내가 으쓱해지고 아내가 더 섹시하게 보이기도 한다. 그런대로 우려했던 만큼의 최악은 아닌 것 같아 다행이란 생각이 들고 이정도 부부사이를 유지할 수 있는 것을 감사하게 생각한다.

내가 언제부터 아내와의 사이가 개선되어지고 좋아졌나를 생각해본다. 아내는 신혼 초나 지금이나 변한 게 아무것도 없다. 성격이 더 유순해진 것도 아니고 고집이 없어진 것도 아니고 요리 실력이 늘었거나 남편을 더 존중하는 것도 아니다. 그때나 지금이나 똑 같은 모습을 하고 있다. 그런데 살면서 남편으로서 느끼는 아내의 모습은 너무나 많이 달라져 있다.

지금 내 아내는 내 생각과 행동의 뒤에서 언제나 큰 힘을 실어주는 백그라운드이다. 그리고 나에게는 언제나 절대 복종할 것만 같은 졸병의 모습이기도 하다. 나의 그 어떤 추잡한 생각도 얘기하고 나면 아무렇지도 않은 농담거리가 되기도 하고 그 어떤 행동도 아내의 시선에서 자연스럽게 비춰지기도 한다.

살아오면서 서로의 생각과 행동이 비슷해져서일까 생각해 보았지만 꼭 그래서만은 아닌 것 같다. 지금이라도 내가 마음을 고쳐먹고 와이프를 바라본다면 나는 다시 신혼초로 돌아가게 될 것 같은 기분이 들기 때문이다. 아마도 내가 많이 작아져서인지 모르겠다.

부동산을 하면서 와이프에게 카드도 빼앗겼고 용돈도 타 쓰며 모든 경제권을 넘겨주었다. 내가 너무 허튼짓과 실수를 많이 해서 그럴 수밖에 없었지만 이렇게 하고 나니 곁눈질을 하지 않게 되어 마음이 오히려 편해졌다. 내가 자꾸만 작아지다 보니 와이프가 점점 커 보인다.

나와서 일하는 것도 고마운 일이고 아이들 잘 키워주는 것도 고맙고 밥해 주는 것도 고맙고 모든 것이 고맙게 느껴진다. 마흔이 넘어서야 내가 그렇게 잘난 놈도 아니란 사실과 아내에게 너무 많은 것을 바라면 안 된다는 사실도 알게 되었다.

결혼해서 몇 년 동안은 나는 아내에게 불만이 많았다. 나는 요리 잘하는 여자가 좋다며 매일 반찬투정을 했고 남자를 너무 우습게 본다며 싸우기도 자주했다. 대화가 안 통하는 벽과 같다며 타박도 많이 했고 나를 무시하는 것이 아닌가하며 불안해 하기도 했다.

그때는 항상 내가 잘났다고 생각했고 아내는 나보다 못난 사람이라는 전제가 무의식중에 깔려있었던 것 같다. 그런데 나는 내가 잘났음에도 불구하고 나를 무시한다며 싸웠다. 남편을 무시한다는 내 느낌은 아마도 내가 아내를 무시하고 있었기 때문에 그랬던 것 같다.

지금은 오히려 내가 작아졌고 아내가 커졌으니 당연히 아내가 남편인 나를 무시한다는 느낌이 들어야 하는데 그렇지가 않다. 오히려 내가 작아질수록 나를 배려하고 존중하는 느낌마저 들기도 한다.

모든 인간관계가 그렇겠지만 부부사이는 더욱 그런 것 같다. 내가 상대보다도 잘났다고 생각한다던지 상대가 뭔가 부족하다고 느낀다면 행복한 부부관계를 만들기란 쉽지 않을 것이다. 이런 관계가 형성되고 유지되기란 쉬운 일이 아닐 것이다.

우리 부부도 언제 어느 때 어떤 이유로 이런 관계에 금이 갈지는 모른다. 내가 좀 더 탐욕을 낸다던지, 그 어떤 자극적인 일탈을 추구한다던지, 내 이기심을 절제할 수 없다면 언제든지 깨어질 수 있는 것이 부부관계일 것이다.

아내와 이런 관계가 된 것은 전적으로 아내의 가정환경 때문이란 생각을 해보았다. 와이프는 장모님에 대한 상처가 많아서 그런지는 몰라도 아무리 심한 싸움을 해도 친정에 간다거나 처가에 알리지 않았다. 이런 경험을 몇 번하면서 와이프는 나와 싸우면 갈 곳이 없는 사람이란 사실을 알게 되었다.

그래서 나에게 올인 하고 있고 내가 싫다고 하면 물러날 곳이 없는 사람이라는 생각이 들자 나는 조금씩 조심스러워지기 시작했던 것 같다. 나만의 착각인지는 몰라도 이런 기분이 언제부터인가 들면서 나는 아내를 이기고 싶지 않아졌다.

그리고 아내를 높이는 길이 나를 높이는 길이라 생각하게 되었다. 내 몸처럼 상대를 바라볼 수만 있다면 그것처럼 행복한 일도 그리 많지는 않을 거란 생각을 해본다.

5. 가정과 사업

사업을 잘하는 사람들이 있다. 일을 정말 열심히 하고 치열하게 하는 사람들이 있다. 내가 부동산 오픈한 직후에 거래했던 인근 부동산 사장 같은 사람일 것이다.

사십이란 나이에 부동산에 맨몸으로 들어와서 오년 후 강남 한복판 1층에 100평 규모의 부동산을 운영하고 있었다. 그 사장 말에 따르면 오년 전에 주식으로 모든 재산을 날리고 단돈 만원도 없이 부동산 직원으로 입문을 해서 2년 만에 지금의 부동산을 차렸다고 했다. 이미 시행에도 손을 뻗쳐 있었고 사무실벽에는 근사한 주상복합 아파트의 조감도가 걸려있었다. 그곳의 분양대행을 전부 맡기로 했다며 이것저것 설명을 하는 사장을 바라보며 참 빠르다는 생각을 지울 수 없었다. 정말 사업을 잘하는 사람이 아닐 수 없었다. 평범한 사람들 보다는 몇 배 이상의 시간을 단축시키는 능력과 담력이 있어 보였다.

그러나 우연히 주택매매를 같이 하면서 너무 당황스럽고 자존심이 상했다. 자신은 다른 부동산과 공동중개를 한 번도 해 본적이 없다며 자랑스레 말했지만 내가 보기에는 다른 사람은 도저히 같이 할 수 없는 스타일이었다. 너무 지나치게 욕심을 부리고 상대를 배려하지 않아 두 번 다시는 같이 일하고 싶지 않다는 생각이 들었다.

그 사장은 부동산의 여러 분야에 관하여 남다른 능력을 가지고 있었고 지금까지는 나름대로 성공한 것처럼 보이기도 한다. 그러나 그 얼굴에는 어딘가 공허함이 항상 드리워져 있었고 이혼을 하고 혼자 살고 있다는 말을 들을 수 있었다.

외관상으로는 부동산으로 돈도 많이 벌었을 것 같아 보였지만 그 큰 부동산에는 여직원만 세 명 있었고 남자직원은 하나도 보이지 않았다. 그 이유를 물으니 이십 여명 가까이 있었던 남자직원들을 모두 잘랐다고 했다. 그 사장은 직원들을 믿지 못했고 직원들도 괴팍하고 너무 욕심 많은 그 사장과는 같이 일하기가 어려웠을 것으로 보인다. 그러다보니 그 큰 사무실을 거의 혼자하다시피 일을 하고 있었고 주변 부동산과도 협력이 안 되어 점점 더 어려워지고 있었다. 그리고 얼마 전에는 결국 폐업신고를 하고 문을 닫기에 이르렀다.

주위에 보면 가정을 돌보지 않고 열심히 일만 하는 사람들이 있다. 그런 사람들은 왠지 대범해 보이고 큰일을 하기도 한다. 그런데 적어도 내 주위에서는 그런 사람들의 온전한 성공을 본적은 아직까지는 없다. 세상에는 얼마든지 가정이 없이도 혼자서 이뤄낸 멋진 성공사례들도 많겠지만 그렇게 부러운 경우는 아니다.

사업이란 것도 결국은 사람과의 인연을 통한 것이고 그 사람들과의 관계는 결국은 가족 간의 관계에서 보여 진다고 생각한다. 사업에 성공한다고 할지라도 사람과의 관계에서 성공할 수 없다면 그 사업은 그리 오래가지 못할 것이다.

그리고 설령 사업에 성공한다고 할지라도 그 성공을 함께 기뻐할 수 있는 가족이 주위에 없다면 그것처럼 공허한 성공 또한 없을 것이다. 그것을 느낄 수 없는 성공이라면 나는 단호히 거부하고 싶다. 내가 너무 소심하고 작아서 그런지 모른다. 그렇다 해도 나는 그런 성공은 하고 싶지 않다.

사업의 실패로 가정이 깨지기도 하고 사업의 성공 이후에 가정이 깨지는 경우도 있다. 두 경우 모두가 아마도 가정보다는 사업에 더 큰 비중을 두고 달려갔을 거란 생각을 해본다. 어쩌면 가정이란 지상 최대의 가치가 될 수도 있고 아니면 그저 나를 구속하는 올가미에 지나지 않을 수도 있을 것이다.

지금 내 부동산 자리를 나에게 주고 가신 중개인 할아버지가 오늘 부동산에 들르셨다. 뵐 때마다 느끼게 되지만 피부와 건강이 십년은 족히 젊어 보이셨고 얼굴은 항상 웃고 있는 듯하였다. 젊었을 때 부동산으로 너무 많은 돈을 벌었던 얘기와 다시 광산사업을 하다가 사기를 당해 쫄

딱 망하신 지나온 삶을 들려 주셨다.

그래서 결국 나이가 들어 다시 부동산을 하게 된 사연을 들으며 난 속으로 이런 생각을 하고 있었다. 결국은 망해서 노년에 경제적인 여유도 없고 이제는 만회할 기회도 없으신데 어떻게 저렇게 편안한 얼굴을 하고 계신가하고 말이다. 그러나 나가시면서 하시는 통화내용을 엿듣고는 조금은 이해가 갈 것도 같았다.

"어, 나에요. 거기서 기다려요. 외식하고 들어갑시다."

귀를 쫑긋하고 있는 우리 부부를 돌아보시면서 쑥스러우셨던지 이런 말씀을 던지시며 문을 나섰다.

"늙으면 마누라가 최고야"

어디선가 들었다. 남자가 돈을 많이 벌면 마누라를 바꾸고 지위가 높아지면 친구를 바꾸게 된다고…. 돈과 지위는 어쩌면 우리 행복의 눈을 멀게 할 수 있는 가장 큰 적이라는 생각을 해본다.

지금까지 살아오면서 나는 돈과 지위를 위해 달려왔지만 내 행복은 가족과 친구에게서 가장 많이 찾아왔음을 조금은 알 것 같기 때문이다. 사업에 성공한다고 하여도 가정을 잃거나 친구를 잃는다면 그다지 성공한 삶은 아닐 것이다. 내가 무엇 때문에 성공하려 하는지를 다시 한 번 생각하게 된다.

젊음은 **기구**할수록
희망은 **희박**할수록